武田・上杉・真田氏の合戦

笹本正治

宮帯出版社

はじめに ――信玄・謙信・昌幸から戦国時代を見る――

山梨県では、何かあるごとに武田信玄（晴信、信玄を称するのは永禄《えいろく》二年〔一五五九〕からであるが、以下基本的に信玄で統一）の事績が語られる。年配の人たちが今でも「信玄公」と尊敬の念をこめて呼ぶことに示されるように、信玄に対する山梨県人の思慕は特別である。県外の人が山梨県に抱くイメージの大きな部分にも、武田信玄が含まれている。信玄は元亀《げんき》四年〔一五七三〕に亡くなっているから、もう四百四十年も前の人物として忘れられてもおかしくない。また、甲斐国（山梨県）に生きた歴史上の人は、武田信玄のみでなかったのにもかかわらず、なぜ武田信玄だけがこんなに特別な扱いを受けるのだろうか。

新潟県に行くと、山梨県の武田信玄と同じように、上杉謙信（長尾景虎、永禄四年〔一五六一〕上杉氏の名跡を継ぎ、関東管領に就任し、上杉憲政《のりまさ》より一字を得て上杉政虎と改名。同年十二月に足利義輝の偏諱《へんき》を受けて輝虎、元亀元年〔一五七〇〕に出家して謙信と称した、以下基本的に謙信で統一）が別格の歴史的偉人とされる。上杉家は江戸時代に米沢（山形県米沢市）に移って、彼の地で藩主だったにもかかわらず、新潟県民にとって謙信が特別なシンボルになっている。県外人でも越後国（新潟県）と聞いて謙信を思い浮かべる人は多い。越後国でも歴史上大きな役割を果たした幾多の人物を輩出しているのに、なぜ今でも天正《てんしょう》六年(一五七八)に亡くなった上杉謙信だけが、こんなに身近で語られるのだろうか。

この両人が争った信濃の川中島は、現在長野市内に組み込まれているが、古戦場の跡に両人が一騎打ちしている大きなブロンズ像が建てられ、一年を通じて多くの観光客が訪れている。沖縄を除けば、日本の戦跡でこれだけ人が訪れる場所は他にないと思う。しかも、ここでは戦争の悲惨さは全く語られない。四百五十年以上も前に行われた合戦が、なぜこんなに人を引きつけるのだろうか。

長野県で武田信玄や上杉謙信に匹敵する人物を捜すのは難しいが、もっとも似ているのは真田昌幸だと思う。旧小県《ちいさがた》郡真田町(上田市)にとって、昌幸を含めた真田氏は郷土の誇りである。昌幸が本格的に築いた最初の城といえる上田城を持つ上田市も、真田氏を観光資源にしている。真田氏が最後に落ち着いた現在の長野市松代でも、真田氏に対する思い入れが深い。昌幸が亡くなったのは慶長《けいちょう》十六年(一六一一)だから、もう約四百年も前の人なのに、長野県で彼は身近な歴史上の人物である。

このように長野・新潟・山梨と日本列島の中央部に位置する地域の住民にとっては、戦国時代の領主が、とても親しみのある偉人として理解されている。戦国大名を郷土の偉人とするのはこの地域だけでない。宮城県の伊達政宗、愛知県の織田信長・豊臣秀吉・徳川家康、山口県の毛利元就、大分県の大友宗麟など、各地で戦国大名が地域のシンボルになっている。

この理由としては、地域をまとめ上げ、地域に住んで、地域に富を還元した、あるいは地域の人々の由緒に直接つながる出発点になっているなど、様々なことがあげられよう。ともかく、私たちは戦国大名に他の時代の歴史上の人物よりはるかに親しみを持っている。

戦国時代と聞くと、いつも戦争が続けられた戦乱のイメージがある。その戦乱を切り抜けて、領国を作り上げ、現代まで語られる信玄、謙信、昌幸はどんな人物だったのであろうか。戦国時代を語る時、多くの人が今の視点で判断し、その時代に立つことをしていないように思う。戦国時代には私たちの時代と異なる価値観、習慣があったはずである。そうしたことに注目しながら、信玄・謙信・昌幸を中心に、彼らの父や子供など、戦国時代を生き抜いた人々について、これから語っていきたいと思う。

目次

第二章　武田・上杉・真田氏の合戦

二 真田氏の合戦

三　合戦の背後に

第一章　甲信越の戦国時代

——甲斐の武田、越後の上杉、信濃の真田——

一　甲斐武田氏 ――繰り広げられた家督相続の争い――

1　親子、兄弟で争う時代 ――平穏にいかぬ家督相続――

永禄七年（一五六四）八月一日、上杉謙信は信濃の更級《さらしな》郡八幡社（千曲市、武水別《たけみずわけ》神社）にあてた願文に、「方今武田晴信なるもの、身五倫に背き、心百邪をさしはさむ。その父を追放し、もって恥を諸国に遺《のこ》す。誠に前代未聞の談なり。鳥獣すらなお父子の礼あり。況《いわん》や人倫《じんりん》においておや。王法の怨みなり。仏法の敵なり。いまだ天罰を蒙《こうむ》らざるは何ぞや」と記した。武田晴信は五倫に背き、百邪の悪意を抱いて、父親を追放し、諸国に恥をさらした。このようなことは本当に前代未聞である。鳥獣だって父子の礼がある、ましてや人間のことである。彼の行いは王法の怨みであり、仏法の敵である。彼がいまだに天罰を蒙らないのはなぜであろうか、必ず天罰が下るはずだ。自分がその天罰を加えようということであろうか、何ともすさまじい攻撃姿勢ではないか。

願文は上杉謙信が川中島合戦でいかに自分に正義があるかを述べ、神の加護を得ようとする意図によって書かれているので、その分を差し引かねばならないが、信玄が父親の信虎を追放したことは、鳥獣にも劣る行為だと主張している。

信玄が父親を甲斐国から追放したのは紛れもない事実である。確かに父親追放はとんでもない行為であろう。しかしながら、断罪するだけではその時代や社会の特質が見えてこない。なぜこのような事件が起きたのか、背景を知る必要がある。それは、そのまま戦国時代の人々がいかに厳しい時代を乗り越えていったかを知る手がかりにもなる。

戦国の時代には親子や兄弟で、家督相続をめぐって争うことがしばしば見られた。信玄や謙信より少し前の時代に天下取りのレースを走っていた駿河の今川義元も、異母弟と争って家督を握っている。すなわち、天文《てんぶん》五年（一五三六）三月（一説には四月）十七日に今川氏輝が没し、遺言によって富士郡瀬古（富士市）の善徳寺（善得寺）にいた弟の承芳《しょうほう》（今川義元）が跡を継ぐことになったが、義元の異母弟で遍照光寺（藤枝市）にいた良真を外祖父の福島上総介が擁立したために、内戦が勃発したのである。今川家の重臣の大半や相模の戦国大名である北条氏綱が義元を支持したので、良真は六月八日の合戦で敗れて自殺し、義元派の勝利に帰した。今川の家督相続は、家臣たちがいかにしたら自分の勢力を伸ばすことができるかの権力闘争を下地にしていたのである。

少年時代の織田信長が異様であったのに対し、弟信行は折り目正しい、いわゆる品行

織田信長像（神戸市立博物館蔵）

方正な人物だったとされる。織田家をまとめ上げてきた信秀が天文十八年に没すると、尾張の将士は次々に新当主の信長に離反した。家臣の間に信行をもり立てる動きがあり、天文二十三年（一五五四）に外祖父の織田信広と信行が結んで信長を除こうとしたため、信長は弟を殺した。織田氏の家臣たちの間で、兄弟のどちらを主君とするか内訌《ないこう》があり、信長は領国をまとめ上げるため、弟を殺さねばならなくなったのである。

　親子の相克としてもっとも有名なのは、美濃の斎藤道三とその子義龍《よしたつ》の関係であろう。道三はいったん家督を譲った義龍の廃嫡をはかって対立し、弘治二年（一五五六）四月に長良川の戦いで義龍軍に敗れ、死んだ。

　こうしてみると武田信玄が親信虎を追放したのも、決して特殊ではない。信玄の行動理由も、彼が生きた戦国時代の社会の中に位置づけていかなくてはならないのである。まずは武田家にとって、信玄の行った行為は特別なものだったのか。信虎はいかに家督を継ぎ、信玄の跡目はどのようになっていったのか確認した。

あれだけ信玄を罵倒している謙信は、家督相続において問題がなかったのであろうか。そんなことはない。彼も兄と争っており、家督相続は決して平穏でなかった。謙信が死んでからも、上杉家では家督をめぐって御館《おたて》の乱と呼ばれる大きな内紛が生じた。

一方、真田昌幸はどうだったであろうか。真田家の場合、関ヶ原の戦いなどで親兄弟が分裂して戦っている。これもまた、見方を変えると家中を一本化できなかったことを意味する。

戦国大名の家督相続はいかなる意義を持ったのか、三家それぞれの実態を見ることによって、戦国大名の役割の一端を考えよう。

2　叔父を倒した信虎――一番のライバルは血族者――

信玄の父である信虎は、明応《めいおう》三年（一四九四）正月に信縄《のぶつな》の長男として生まれた。長年繰り返された信縄と弟の信恵《のぶよし・のぶしげ》との骨肉の争いが、信縄の優位に終わろうとした年であった。延徳《えんとく》（一四八九～九二）の末ごろ、信縄は父信昌から家督を譲られたが、家督相続の背後には信昌が信恵に跡を譲ろうとしたため、信縄のクーデターがあったといわれている。

武田家では跡継ぎの座をめぐり、信玄より以前も数代にわたって、父子や兄弟の間で争いが続いていたのである。

永正《えいしょう》四年(一五〇七)二月、信虎は十四歳で家督を継いだ。これを好機と判断した信恵父子が、弟の岩手縄美《いわてつなよし》や郡内《ぐんない》(都留郡)の小山田信隆《のぶたか》、国中《くになか》(甲府盆地を中心とする地域)の有力土豪たちを味方にして、反信虎の軍を起こした。けれども、信虎は永正五年十月四日の戦いで勝利し、信恵父子や有力者を討ち取ることができた。彼が家督相続に当たってまず叔父の一族を倒さねばならなかったのは、血縁関係が重要視される時代にあって、血族者が最大のライバルになる可能性があったからだった。

信虎は永正五年十二月、国中に進出してきた郡内の小山田勢、これに呼応した武田平三・上条彦七郎などから攻撃を受けたが、逆に多くの者を討ち取った。永正六年秋になると、信虎軍は逆に小山田氏の根拠地である郡内に乱入し、河口(富士河口湖町)を焼き、翌年に小山田氏と和睦した。

永正十二年十月十七日、武田軍は西郡《にしごおり》(甲府盆地の西側)の大井氏が駿河守護の今川氏親の支援を得て信虎に背いたので、大井氏の本拠地である上野城(南アルプス市櫛形)を攻撃したが、多くの戦死者を出した。翌年も戦いが続き、勝山城(甲府市)を根拠にする今川勢が各地を襲い、九月二十八日の万力(山梨市)合戦に際して国中に広く火をつけたため、信虎も恵林寺《えりんじ》（甲州市）に逃げ込まねばならなかった。

永正十四年正月、富士五湖の一つである河口湖周辺に勢力を持っていた小林尾張入道が荒蔵《あらくら》（富士吉田市新倉）に出陣し、今川勢の籠もる吉田城（同）を攻め落とした。信虎は国中でそれまで今川方だった国人《こくじん》（在地領主）を傘下におさめ、今川勢を孤立させ、三月二日に今川氏と和睦した。形勢不利と判断して大井氏も反抗を止めた。ちなみに、信玄の母親が大井氏であるのは、信虎が敵の娘と結婚することによって立場をよくしようとしたことによる。当時の結婚は恋愛などでなく、家が生き延びる手段でもあった。信虎長女の今川義元夫人が永正十六年生まれなので、この和平を機に結婚したのではないかと磯貝正義氏は想定している。

一応国内を平定したと考えた信虎は、川田《かわだ》（甲府市）にあった居館を躑躅ヶ崎《つつじがさき》（甲府市の武田神社のある場所）へ移すことを決めた。永正十六年八月十五日に現地で鍬立《くわだて》（起工式）を行い、翌十六日に自身で検分して館の建設を開始し、十二月二十日に移転を終わった。わずか四ヶ月の突貫工事だった。躑躅ヶ崎の館はこれから以後、勝頼が天正九年（一五八一）に新府城（韮崎市）へ移るまで、武田家三代の当主が住む場所として、武田領国の政治・経済の中心地となった。ここに現在の甲府が誕生したのである。

上杉謙信が春日山城（新潟県上越市）に住んだからといって、そこが府中になったわけではない。守護が居住地を変えるだけでは府中の誕生にならないのに、なぜこの時から甲斐の府中が移ったのかは大きな問題といえる。府中移転は守護の意図だけでは決まらないので、この背後に多くの有力者の思惑や賛同があったのであろう。

甲府の成立により信虎の甲斐支配は新たな段階に入ったが、まだすべての国人が彼に服属したわけでなかった。永正十七年五月には東郡《ひがしごおり》の栗原氏を大将にして、大井信達《のぶさと》、今井信是が信虎に反旗を翻した。六月八日、武田軍はミヤケ塚（笛吹市一宮町）で栗原軍を破り、栗原氏の居館を包囲した。別軍も十日に今諏訪《いますわ》（南アルプス市白根）の戦いで大井氏を破った。力が及ばないと判断した今井信是も信虎に降参した。信虎は六月三十日に、躑躅ヶ崎の館の北東約二キロにある積翠寺《せきすいじ》背後の丸山に城を造り始めた。平地にある躑躅ヶ崎の館では多数の軍勢に攻められたら守りきれないので、いざという時に逃げ込むための城を山の上に築いたもので、要害城の名称で知られる。

信虎と聞くと信玄に追放された駄目親父、あるいは領民を困らせた凶暴な領主のイメージが大きいが、こうしてみるといかに困難な状況を切り開き、武田家を戦国大名として成長させていったかわかる。『甲陽軍鑑』のように信玄を肯定するあまり、父を否定するだけでは歴史を理解することにならない。ひいきの引き倒しになってしまわぬように、信虎をしっかりと歴史の中に位置づける必要がある。

3　信玄誕生 ――常勝を導く英雄像――

信虎が国人たちの反乱を押さえた翌年の永正十八年（大永《たいえい》元年・一五二一）、甲斐は駿河から福島勢の攻撃を受けた。信玄はこの戦乱の間に生まれたので、その模様を再現しよう。

二月二十八日に駿河勢が富士川沿いに甲斐に攻め入ってきた。迎え撃った甲州勢は九月六日に大島（南巨摩郡身延町）で行われた合戦で敗れ、九月十六日に富田《とだ》城（南アルプス市甲西）が落城した。戦乱が激しくなり、甲州勢が連敗する中で九月十六日、信虎の妻である大井夫人は安全のために躑躅ヶ崎の館から要害城へ避難した。

甲州勢は十月十六日、飯田河原（甲府市）の合戦で勝利し、窪八幡神社（山梨市）の別当上之坊普賢寺に伝わった『王代記』によれば、敵百余人を討ち取った。それから間もなくの十一月三日、要害城麓の積翠寺で信玄が誕生したことが、信虎と信玄に仕えた駒井高白斎が書いた『高白斎記《こうはくさいき》』に記されている。積翠寺には信玄が産湯につかったという井戸も残っている。

十一月十日に駿河衆が勝山（甲府市）へ移った。二十三日に上条《かみじょう》河原（甲斐市）で合戦が行われ、甲州勢は福島衆を数多く討ち取った。『王代記』では甲州勢が六百人を討ち取り、駿州衆は逃げ帰ったとしている。それから四日後の十一月二十七日、生まれて間もない信玄が積翠寺から躑躅ヶ崎の館に入った。年があけた大永二年（一五二二）正月十四日、甲州勢は富田城の駿河衆を排除した。

甲州勢は大永元年二月に駿河勢が攻め込むと連敗を喫したが、十月十六日の飯田河原合戦と十一月二十三日の上条河原合戦で勝利したのを契機に、敵勢を撃退することができた。信玄は両合戦の間に生まれたので、勝千代と称し、生まれながら戦争に勝利するように運命づけられたと、後に伝説化がはかられることになる。

信玄を中心に戦略や戦術を記した軍学書である『甲陽軍鑑』は、この時攻めてきた軍勢を駿河・遠江の一万五千人、迎え撃った武田軍を二千ばかりだとする。武田家の最良の史料といえる『高白斎記』には、上条河原で「駿河福島衆」を「数多」討ち取ったとある。富士山北麓に住んだ日蓮宗の僧侶が書いた覚書をまとめ直した戦国時代の年代記である『勝山記』（表現が少し違うが『妙法寺記』も同じものである）は、「福島一門」を主体とする「駿河勢数万人」が攻めてきたけれども、甲斐側が数万騎の首を取ったと記している。『王代記』は攻撃してきた「駿河勢」「駿州衆」を、飯田河原合戦で「百余人」、上条河原で「六百人」、甲州勢が討ち取ったとする。

戦争に勝った側では敵の軍が大きく、強ければ、自分たちの立場がよくなるので、全体的に敵の人数を水増して宣伝しがちである。いわゆる大本営発表である。郡内での情報が異常に人数が多いのはこのためだろう。したがって、信虎軍がいかに危なかったかとして従来あげられてきた一万五千という敵軍の数は、あてにならない。

信玄誕生を伝える積翠寺と背後の要害城跡（著者撮影）

これまで侵攻の中心となった福島氏は、土方《ひじかた》城主（遠江の高天神城、静岡県掛川市）とされてきたが、この時期の情勢からすると、遠江の城主が駿河を超えて、駿河勢を含む一万五千の大将になって甲斐へ攻め込むことは考えられない。今川氏全盛期の桶狭間の合戦に動員された人数が二万五千人程度であるから、一万五千の軍勢はあまりにも大きすぎる。何よりも史料の中に遠江の国名は見えず、遠江の側にもまったく関連史料が残っていない。『勝山記』には、福島氏に関する記事が他にも見えるが、そこからすると福島一門は駿河の国人の可能性が高い。

大永元年（一五二一）に駿河の福島一門が甲斐に

攻め入ったことは疑いないが、その実態は『甲陽軍鑑』以降信じられてきた、一万五千にも及ぶ駿河と遠江の大連合軍でなく、駿河の国人領主の福島氏とその軍勢二千から三千人程度で、甲斐国内の国人をほぼ従えた信虎が、彼らを破ったことを奇跡とはいえない。

後世の甲州人にとって、戦争に勝ち続けた信玄は英雄であった。信玄はなぜあれほど戦争に勝ち続けることができたのかと考え、福島乱入の時に戦勝を導くべく生まれ、以後もその特質を持ったのだと理解したのである。こうした甲州人の心情が、信玄のイメージを増幅させてきた。それは民衆が抱いた常に勝ち続け、自分たちに利益を与えてくれると期待される支配者像だったのである。

4 転戦する信虎 ——国外侵略への基礎を作る——

向嶽寺（甲州市）の歴代住職により書きつがれた年代記である『塩山向嶽禅庵小年代記《えんざんこうがくぜんあんしょうねんだいき》』によれば、信虎は大永二年（一五二二）正月三日から甲斐国中の家と寺社に、棟別銭《むなべちせん》（家ごとにかけた税金）を賦課した。福島勢乱入による財政危機に対応したものであろうが、信虎の権力が大きくなっていなければ、税金を取られる人やこれまで地域に影響力を持っていた者たちからの抵抗が大きく、国全体に新税をかけることはできなかったはずである。信虎は福島氏との戦争を通して国人たちに号令を発することが可能になり、甲斐に棟別銭を賦課できるだけの支配力を持つようになったのである。ここに信虎による甲斐の統一は、ほぼ完成を遂げたといえるだろう。

以後、信虎は国外進出を試みた。大永四年正月、北条氏綱に攻められた上杉朝興《ともおき》が江戸城から川越城（埼玉県川越市）へ敗走したので、関東管領上杉憲房《のりふさ》は江戸城回復を目ざした。信虎もこれに介入し、二月に北条軍と小猿橋（神奈川県相模原市）で戦った。こうして信虎は甲斐という狭い世界から、全国的な戦国争乱の大海で泳ぎだしたのである。

当時の甲斐は、もっとも強大な戦国大名といえる北条家と今川家に東と南を押さえられており、西側は南アルプスで遮られていたので、信虎が新領土をねらうとすれば北側の信濃（長野県）しかなかった。そこで信虎は大永七年六月、佐久郡前山《まえやま》（佐久市）の伴野《ともの》貞慶《さだよし》からの支援依頼を名目にして出陣した。翌年八月に信虎軍は諏訪郡青柳《あおやぎ》（茅野市）付近において、諏訪郡の領主である諏訪頼満《よりみつ》・頼隆父子の軍と対陣し、晦日の朝に神戸《ごうど》（富士見町）で勝利しながら、同日夜に夜襲をかけられて堺川《さかいがわ》（同、当時甲斐と信濃の境になった川、立場川）で大敗した。

享禄《きょうろく》三年（一五三〇）正月、上杉朝興が北条氏綱を討とうとした時、信虎は小山田信有《のぶあり》に朝興を救援させたが、信有軍は四月二十三日に矢坪《やつぼ》坂（箭壺坂、山梨県上野原市）で氏綱軍に敗れてしまった。けれども信虎は引き続き朝興との盟約を維持し、朝興の娘を天文二年（一五三三）に長男（信玄）の嫁に迎えた。彼女は懐妊したが、翌年十一月に死去した。

国中では享禄四年正月、飯富虎昌《おぶとらまさ》・栗原兵庫・今井信元・大井信業《のぶなり》（信達の子）らが御岳《みたけ》（甲府市）に籠もり、諏訪頼満の救援を得て府中を攻撃しようとした。対する信虎軍は二月二日に大井信業などを戦死させ、四月十二日に塩川の河原辺（韮崎市）で諏訪軍に大勝した。信州勢と結んでいた浦城（北杜市）の今井信元は、形勢が悪くなったので天文元年九月に降参した。こうして、『勝山記』に「一国御無為《ごぶい》になり候」と記されたように、信虎に対する国人の反乱はなくなった。

天文四年六月五日に信虎は兵を駿河に向け、迎え撃つ駿河守護の今川氏輝《うじてる》も二十七日に出陣し、八月十九日に万沢口（南巨摩郡南部町）で合戦があった。さらに武田軍は八月二十二日、山中（南都留郡山中湖村）で北条・今川の連合軍と戦い惨敗した。これに対処するように九月十七日、信虎は諏訪頼満と和解した。

天文五年三月（一説に四月）今川氏輝が没すると、後継の座をめぐって義元と良真の間で争いが起き、駿河は内戦状態になった。今川家重臣の大半は義元につき、北条氏綱も義元支持にまわったため、六月八日の合戦で良真は敗れて自殺した。この時、信虎は義元に味方した。

信虎が義元を支持したことにより今川と武田の関係は好転し、義元が信玄の妻に公卿の三条公頼《きんより》の娘を世話したので、信虎は天文六年二月に信玄の姉を義元の妻に縁づかせた。二月下旬に義元との関係を悪くした北条氏綱が東駿河へ侵入し、富士川以東を押さえたため、信虎は義元救援のため須走口《すばしり》（静岡県駿東郡小山町）に出陣し、北条軍と戦った。天文七年五月、北条軍が甲斐に入り吉田新宿（富士吉田市）を夜襲した。その後、信虎は関東の動向を知り、戦況を考えて、氏綱と和談した。

天文八年十二月に諏訪頼満が没し、孫の頼重が跡を継ぐと、天文九年十一月晦日、信虎は三女の祢々《ねね》を彼のもとへ嫁がせた。天文十年五月、信虎は信玄とともに、諏訪頼重や信濃埴科《はにしな》郡の村上義清と連合して、信濃小県郡に出兵し、海野《うんの》・祢津《ねづ》氏らの滋野《しげの》一族を攻め、十三日に尾山（上田市）、翌日に海野平《うんのだいら》（東御市）を平定した。

このように、信虎こそ武田家が国外へ進出する基礎を作った人物だった。特に彼は信濃に対して積極的で、信濃の国人たちと結びついて行動した。一方、信濃の土豪たちは信虎を利用して、勢力を拡大しようとしていた。

5　父を追放した信玄——家臣に擁立された当主——

『勝山記』は、天文十年（一五四一）「この年の六月十四日に武田大夫殿様、親父信虎を駿河国へ押し越し申し候。余りに悪行を成らせ候間、かようめされ候。さるほどに地《じ》家《げ》・侍・出家・男女共に喜び満足致し候こと限りなし。信虎出家成られ候て駿河に御座候」と記している。信濃から凱旋した信虎は、六月十四日に嫡子の信玄によって駿河に追放されたのである。記録ではその理由を、信虎がはなはだしく悪行をしたからだとし、皆がこの結果を喜び満足していると伝えている。ちなみに、信虎は出家して駿河にいると述べている。行間からすると、信玄は信虎を無理矢理に駿河に追い出したようにも見える。

『王代記』は、「武田信虎六月十四日駿州へ御出、十七日巳刻晴信館へ御移り、一国平均安全に成る」と、信虎が駿河に行ったことによって甲斐国が押し並べて安全になったと、追放を歓迎する書きぶりになっている。この記載では、信虎は自ら駿河に出たようにも見える。

『塩山向嶽禅庵小年代記』は信虎悪行の主張をもっと強く示していて、「信虎平生《へいぜい》悪逆無道なり、国中の人民・牛馬・畜類とも愁い悩む。しかるに駿州大守義元信虎の女を娶る。これにより辛丑《かのとうし》六月中旬駿府に行く。晴信万民の愁いを済《すく》わんと欲し、足軽を河内《かわうち》境に

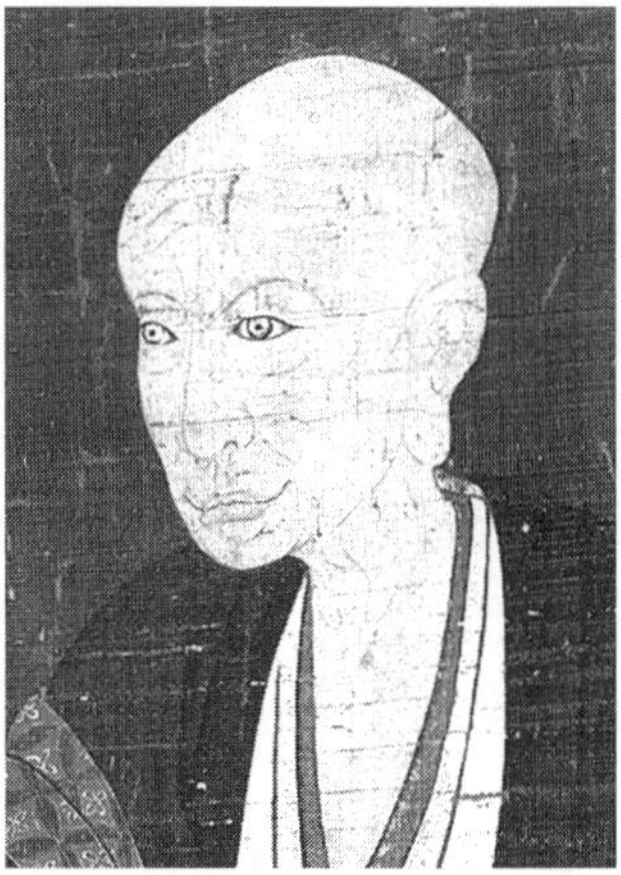
武田信虎像（甲府市大泉寺蔵）

出し、その帰り道を断ち、即位して国を保つ。国の人民ことごとく快楽のわらいを含む」とまで記している。信虎はいつも悪逆無道だったので、人のみならず動物までが愁い悩んでいた。信玄はその愁いを取り除くために父を駿河に追放したのだと主張している。この記録は最初の永和二年（一三七六）から最後の明和六年（一七六九）まで同じ筆跡で書かれているので、十八世紀に書き写され、編纂されたものである。したがって、記された事柄が民衆の本当の意識なのか、編纂された江戸時代の解釈なのかは検討の余地がある。

ともかく史料からすると、信虎は五月の信濃攻撃から帰ると間もなく、今川義元のもとに嫁いでいた娘を訪ねるため、六月十四日に駿府に向かった。信玄は父が甲斐から外に出ると、帰れないように河内路を遮断し、十七日には父のいた館に移り、十八日に家督相続の祝儀を行ったのである。

信虎追放の原因については、大きく次のような説がある。

①信虎が悪逆無道の性格で、領国経営に失敗した。
②信虎と信玄の合意の元に、今川義元の領国を取ろうとした。信虎スパイ説。
③信虎のワンマン体制に反抗した信玄と、彼に心を寄せる家臣のクーデター。
④隣国政策で信虎と家臣の意見が対立。
⑤義元と信玄の共謀。

歴史事実は同じでも視点によって、事実の受け取り方や解釈は人それぞれ異なる。史料はいずれも信虎を悪とし、信玄の側についているので、甲州の住民は信虎追放を、みんなが肯定しているように思える。信玄一人だけの意図でこれだけ大きなことはできなかったはずなので、少なくとも甲斐に住んでいた人々の要求に沿う形で、信虎の追放と信玄の相続はなされたのである。

封建制のイデオロギーともいえる儒教の精神からすれば父を子が追放する行為は、とんでもないことであるから、信玄は非難の対象となった。信玄の生涯のライバル上杉謙信は、永禄七年(一五六四)六月二十四日に春日山城の看経所《かんきんしょ》や弥彦《やひこ》神社(新潟県西蒲原郡弥彦村)宝前に捧げた願文で、「直の親、武田信虎を国より追い出し、牢道《ろうどう》・乞食《こつじき》に及ばせ」と糾弾している。

信玄の父親を追放した事実は、彼が長男義信を幽閉し、死に追いやったことと重ねて、人倫にもとる行為として、信玄悪人説の根拠にされた。実の父を追放し、子を死に追いやったことにより、冷酷非情で計算高く、何でも自分の思う通りに行動していく、図太い信玄の像が自然と作られるようになった。だが、このような信玄のイメージは正しいのだろうか。もう一度、検討してみる必要がある。

6　独立性の強い家臣たち——信虎追放の立役者——

武田家の軍事力を担ったのは国人たちであったが、彼らは根拠地に帰れば領主としてきわめて独立性が強く、自分たちに都合が悪くなればいつでも武田家に反乱する可能性があった。とりわけ、若年で家督を相続した信虎は国人たちに対する支配力が弱く、信虎と彼らの関係は同盟のようなものだった。信虎は主君として彼らを支配するというより、彼らの力に頼って政権を維持していたのである。したがって、国人たちの臣従は必ずしも永久的な関係ではなく、一時的なものにすぎなかった。

そうした中で福島氏の乱入があったため、国人たちも祖国防衛という意識で信虎を頭にして一つにまとまった。信虎は福島勢を排撃することで、地位を高め、棟別銭を賦課することもできた。けれども、この戦いは防衛戦であったから、甲斐が勝利したとはいっても武士たちは領地を増やしてもらえず、かえって領内からの棟別銭分に当たる取り分が信虎に奪われてしまい、力をそがれることになった。その後、連続して信虎による他国への侵略が続き、負担は国人たちの肩にかかっていった。信虎が追放される前年の天文九年(一五四〇)、武田軍は信濃に攻め込んだ。この時、従軍した郡内の者たちは、「陣立てしげく御座候て、皆々迷惑いたし」(『勝山記』)と、度重なる戦争に辟易《へきえき》としていた。従軍忌避は戦争に参加していた者の多くが抱いた気持ちだったのであろうか。

享禄四年(一五三一)正月、浦氏(今井氏)と栗原氏は信虎を軽蔑して府中を去り、御岳に立て籠もった。天文五年(一五三六)には一国奉行衆がことごとく他国へ越す事件も起きた。信虎と家臣たちとの間は一触即発の状況だったのである。

甲斐を統一した信虎は、戦国大名として他国への侵略を開始した。家臣や国人たちは戦功をあげれば利益があるものの、実際に戦争に出て戦わねばならず、負担が大きくなっていた。この状況が続けば指揮者である信虎の力が伸び、相対的に国人たちの独立性が弱くなり、国人は信虎がいつでも使える兵士にすぎなくなってしまう。

国人たちは信虎に対抗するため、若くて御しやすそうな信玄を担ぎ出した方がよいと

近年武田信玄とされるようになった像（伝吉良頼康像・東京某寺蔵）

考えた。一方、直接武田家に仕えてきた譜代の家臣たちは主家がつぶれてしまえば、生活できなくなるので、国人の動きに同調して主家を保ち、新国主に影響力を大きくして、自分たちの力を伸ばした方が得策だと判断したのであろう。家臣たちは信虎が軍団を率いずに国外に出た時に、彼を帰れなくすれば無血クーデターができると、信玄擁立を計画したと私は考えている。信虎追放は必ずしも信玄の主導によるものでなく、反信虎の多くの家臣や国人たちに担ぎ出されて、信玄がシンボルにされた可能性が高いのである。

これまで信虎の追放は、信玄が中心になって行ったと理解され、信玄のために命を捨てる覚悟の家臣たちが行動を起こしたと評価されがちだったが、主体は甲斐の国人や世論にあったのであろう。当時の記録にみんなが喜んだと書かれているのは、この意識の反映だと考える。

信玄が家臣の御輿《みこし》に乗った理由の一端には、大永四年(一五二四)に生まれた弟信繁《のぶしげ》(典厩《てんきゅう》)の存在があった。『甲陽軍鑑』によれば、信虎は信繁に期待し、家督を譲るつもりでいた。その後の活動歴からすると、彼は実務型の確かに優秀な人物だった。当時は必ずしも長男が家督を握るわけでなかったから、このままでは家督を継げないと信玄が危機感を抱いたとしても、不思議でない。信昌が信恵に家督を譲ろうとして、信縄と信恵で争ったような事件、あるいは織田信長と信行の家督争いのような事件が、この時武田家でも起きる可能性があった。そこで信玄も自分の立場を判断して、父親を国外へ追放するのに荷担したのであろう。

ともかく、本人の意図だけでなく、武田家を取り巻く様々な人々の要望にもしたがって、信玄は武田家当主になったのである。

7　信玄と争った義信 ――幽閉された嫡男――

『勝山記』の天文二十三年（一五五四）の条に、「御曹司《おんぞうし》様始テ御馬ヲ信州へ出シメサレ候テ、思フ程切勝チ成ラレ候」とある。信玄嫡男の義信は、初陣で信州に出馬し、思うままに切り勝ったと記されているので、優秀な武将になる素質を持っていたようである。

義信は天文七年（一五三八）に信玄正妻の三条夫人（左大臣・転法輪三条公頼の二女）を母に生まれた。元服は天文十九年で、天文二十一年正月八日に具足召し始めがなされ、今川義元の娘との結婚のため四月二十七日に御屋移りを行った。八月二十三日には義信の住む西の御座所（躑躅ヶ崎の館の西曲輪）建設が始まった。義元の娘は十一月二十二日に駿府を出て、二十七日に甲府へ着いた。天文二十二年七月に将軍義藤《よしふじ》（後に改名して義輝）から名前の一字を与えられ義信と名乗り、弘治二年（一五五六）には三管領に準じられた。

義信は弘治三年十二月に父と連名で、向嶽寺《こうがくじ》（甲州市）塔頭《たっちゅう》庵主に文書を出しているから、書類的にも後継者の地位を示していた。このように義信は、館の中の住む場所、当時最大の戦国大名である今川義元の娘との結婚、名前や書式など、着実に武田家の次期当主としての道を歩んでいた。

『甲陽軍鑑』によれば、永禄五年(一五六二)に信玄と義信の仲が悪くなったので、翌年の二月に信州龍雲寺《りゅううんじ》(佐久市)の北高《ほっこう》和尚と甲州大善寺(甲州市)の高天《こうてん》和尚が、両人の仲を取り持とうとして失敗した。義信は長坂長閑《ちょうかん》(釣閑)斎の子の長坂源五郎と相談し、古くからの有力者である飯富虎昌を頼んで謀反を計画した。永禄七年七月十四日と十五日の夜、義信は灯籠の見物を名目に長坂源五郎と曽根周防守を供にして飯富虎昌の屋敷で談合し、午前二時ごろに帰った。十六日の朝、これを見た御目付(敵情偵察、戦功の査察、武将の監察などにあたる役)の坂本豊兵衛、横目の荻原豊前が、信玄へ注進した。一方で、飯富昌景は信玄に義信自筆の飯富虎昌あての書状を謀反の証拠として披露した。

信玄は謀反を恐れ、同年の秋冬と方々の領域の境目に加勢を出して、国境警備を固め、自ら出陣しなかった。この間に、臨済宗・曹洞宗・天台宗・真言宗の有力な僧侶が、親子の間をとりなしたが、結局仲直りはできなかった。

信玄は永禄八年正月、義信が逆心を企てたのは飯富虎昌が談合相手になったからである、などの五つの理由をあげて虎昌を死刑にした。義信は二十八歳という分別ある年齢なので、本来なら成敗されるべきであったが、東光寺(甲府市)に籠舎させられた。信玄は謀反に関係した長坂源五郎や曽根周防を殺し、義信に付属していた八十騎余りを斬罪に処し、関係した残りの者を他国に追い払った。

義信は三十歳の春に自害したと伝えられている。飯富虎昌に従っていた三百騎の同心・被官は、弟の昌景に五十騎、於曽《おぞ》（信安とされる）に百騎、跡部勝資《かつすけ》に百騎、信玄弟の信《のぶ》廉《かど》（逍遙軒信綱）に五十騎が付された。なおこの折に、昌景は山県《やまがた》に、於曽は板垣とそれぞれ名字を変えた。

信玄と義信の仲が悪くなった理由を『甲陽軍鑑』は、永禄四年（一五六一）の川中島合戦で、義信が上杉軍を支えきれなかったのを信玄が非難したこと、永禄五年六月に信玄が安部《（阿部）》五郎左衛門（勝宝《かつとみ》）や秋山紀伊守などを付属させて、勝頼を諏訪家の跡目として信州伊那の郡代に高遠（長野県伊那市）へ置いたのを義信が恨んだこと、をあげている。けれども、この説明はあまりに不自然である。

研究者の間では両者の政治的な対立が指摘されている。義信は、信玄が永禄三年の桶狭間の

武田義信の墓
（甲府市東光寺・著者撮影）

戦いで義元が戦死したのを機会に駿河を取ろうとしたのに反対し、義元の仇敵である織田信長の養女を勝頼の妻に迎えようとしたことにも反発した、というのである。

しかしながら個人的な仲違いだけで、こんな大きな事件が起きるのであろうか。

8 義信事件の背後 ——息子に自分の影を見た信玄——

松平忠明の手による戦国時代から江戸時代初期の記録である『当代記』には、「先年信玄の嫡男、武田太郎幸信をも生害しき、その故は幸信父を討ち家督を取るべきの由陰謀のところ、信玄これを聞き、遮《さえぎ》って幸信を籠舎《ろうしゃ》に行い、ついに鴆毒《ちんどく》をもって相果てられ」とある。信玄が義信（ここでは幸信）を殺したのは、父を殺して家督を取ろうとしているとの陰謀を耳にしたからで、先手を打って牢屋に閉じ込め、毒を盛ったのだとする。多くの人にとって義信の死が意外で、信玄の行動の背後には特別な理由があると考えたから、当時このようなうわさが広く世間を駆け回っていたのだろう。『甲陽軍鑑』には天正元年（一五七三）正月二十七日に織田信長が上野《うえの》清信《きよのぶ》にあてた書状が取り上げられているが、そこにも「嫡子太郎、いはれなき籠舎におこなひ、剰鴆毒《あまつさえ》をもつて殺すこと、法にすぐ」

と、鴆毒《ちんどく》（鴆という鳥から作った毒）で殺したと同じようなことが記されている。

それなら、義信は当時の社会でどのような評価を受けていたのだろうか。永禄八年（一五六五）六月（『甲陽軍鑑』ではこの頃すでに義信謀反が発覚している）、義信が中心になって甲斐二宮美和《みわ》神社（笛吹市御坂町）に神社を建てるため寄進をしている。義信はこの時期、武田信玄の後継者と見なされ、多くの人々が従っていたのである。

『甲陽軍鑑』によれば、義信は永禄四年で旗本五十騎、雑兵四百余の直臣を持っていた。また義信謀反の背後にいた飯富虎昌は、三百騎の家臣を持つほどの勢力を有していた。義信を担ぎ出そうとする多くの人がいたことや、初陣での勝利、『甲陽軍鑑』の記載からして、彼が優秀な人物であったことは疑いない。

義信が中心となって美和神社に寄進した時、彼に従っていたのは、古くから武田家に仕えてきた家臣や有力土豪たちであった。代々の家臣は主家が滅びれば生活ができなくなるので、当主が主家の存続にとって不都合である場合、新たな主人を擁立してでも、仕える家を維持しようと考えた。また有力土豪たちは、自分たちの意に添わなければ、いつでも武田家を離れ、利益に従って新たな主人を立てようとしていた。

義信のもとに結集していた人たちは信虎を追い出した経験から、いつでも主君を替えることが可能だと考えていたのであろう。彼らは軍役（武士が主君に対して負う軍事上の負担）

の負担を少なくし、守護からの干渉を少なくしようと、信玄を登場させたにもかかわらず、意図とまったく逆に、軍役が増大し、信玄の力が大きくなってしまった。それゆえ、かつて信玄を担ぎ出したのと同じように、新たに義信を主君にして、自分たちの立場をよくしようとしたのではないだろうか。

信玄は自分が家臣たちから担ぎ出され、父を追い出した経験があっただけに、家臣たちの動きに敏感だった。しかも、義信の夫人は今川義元の娘であったから、義信にかつての自分の影を見たのであろう。加えて、今川家領国に侵攻しようとする信玄と、それを止めさせたいとする義信との間で、政策の不一致も生じていた。こうした中で、信玄は人間としての彼に心酔していた飯富昌景などから、家臣団の中で義信擁立の動きがあるとの情報を得て、先手を打って飯富虎昌や長坂源五郎を成敗し、義信を幽閉したと私は考えている。『当代記』の記載は事実の一面を伝えているように思う。

信玄は義信の死ぬ二ヶ月前の永禄十年八月、甲斐・信濃・上野の将士約二百四十名から、信玄に対して二心のない旨の起請文を取り、信州小県郡下之郷《しものごう》明神(上田市、生島足島《いくしまたるしま》神社)に納めさせた。多数の家臣団から起請文を取って、神に誓わさねばならなかったところに、義信事件がどれだけの広がりを持ち、武田家全体がいかに大きな動揺を見せたかが明示されている。家臣や領国民たちの意を汲み取りながら、自分の主張を貫いていくのが、戦国大名の宿命であり、生き残り策の一つだったのである。

9　信玄の死 ――三方原合戦と死因――

『甲陽軍鑑』によれば、元亀四年（天正元年・一五七三）四月十一日の午後二時ころから信玄の容態が悪くなり、脈がことのほか速くなった。翌十二日の夜十時ころには口の中に腫れ物ができて歯が五、六本抜け、それから次第に弱り、山県昌景を呼んで、「明日はその方旗をば瀬田（滋賀県大津市）に立て候へ」と、西上の夢を託して亡くなった。

これより先の元亀三年（一五七二）九月二十九日、信玄は山県昌景に三河衆を主体とする先方衆（他国の国衆）を率い、遠江に向けて甲府を発たせた。本人も十月三日に出陣し、諏訪から伊那を通って南に進み、十月十日に青崩峠《あおくずれ》（長野県飯田市と静岡県浜松市の間）を越えて遠江北部に攻め込んだ。また山県昌景の軍は下伊那から東三河へ、高遠城（伊那市）を守っていた秋山信友（虎繁）の軍は東美濃へ、とそれぞれ軍を進めた。

武田軍は犬居城《いぬいじょう》（浜松市）で二つに分かれ、一隊は只来《ただらい》（天竜市）を占領し、二俣城《ふたまたじょう》（同）へ向かった。信玄自身が率いた軍は天方《あまがた》（袋井市）・一ノ宮（同）・飯田（同）を降して、南

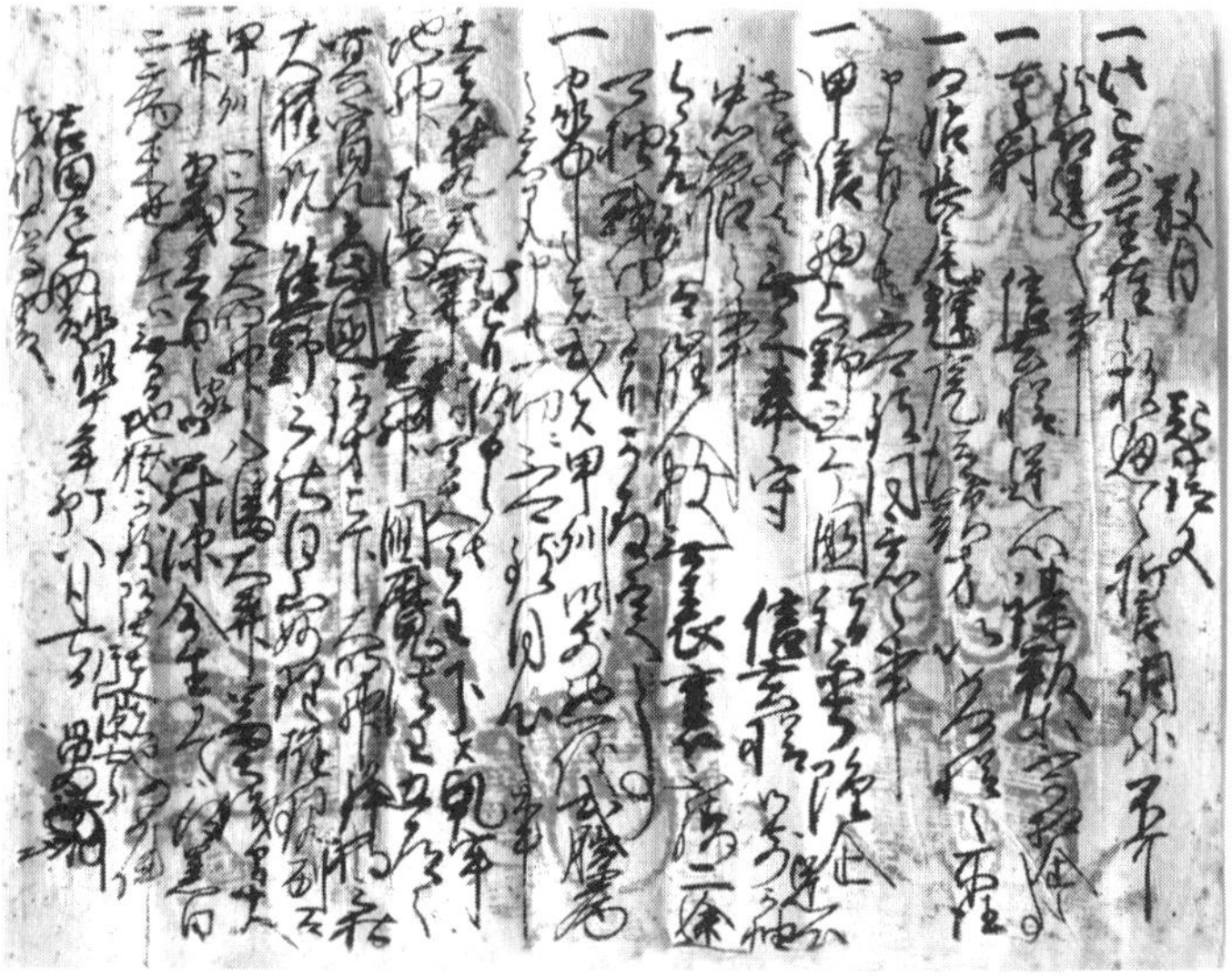

下之郷起請文（片切昌為が提出したもの・上田市生島足島神社蔵）

へ進んだ。武田軍は浜松城を出て信玄を迎撃しようとした徳川軍を見付《みつけ》（磐田市）の西に当たる一言坂《ひとことざか》の戦いで撃破したので、家康は浜松城に逃げ帰った。その後、信玄の軍は袋井（袋井市）・見付方面を確保し、山県軍も加わって二俣城を攻撃して落城させた。

　二俣城を入手した信玄は、十一月二十二日に天竜川を渡り、秋葉街道から三方ヶ原（浜松市）へと出た。そこへ家康が織田信長の援軍とともに攻撃を加えたため、合戦となり、武田軍の圧倒的な勝利に終わった。これが有名な三方ヶ原合戦である。翌日、信玄は兵をまとめて刑部《おさかべ》（浜松市）

に陣を取り、そのままここで年を越した。

翌元亀四年正月、武田軍は三河の野田城（愛知県新城市）を包囲し、二月に陥落させ、やがて長篠城（新城市）に入った。

信長は当時浅井・朝倉を攻めていたが、信玄が三河まで迫り、秋山信友が東美濃に侵入し、長島（三重県桑名市）で一向一揆が起きたため、攻撃を継続することができずに岐阜に帰った。信長が引き上げると、十二月三日に朝倉義景は越前に軍を引いてしまい、信玄の度重なる出陣要請にもかかわらず、ついに軍を動かさなかった。浅井長政は信玄の動きに期待を寄せ、その後も奮戦を続けた。信長に対抗していた足利義昭も二条城（京都市）の守備を固め、本願寺も挙兵した。信長にとっては最大の危機、信玄にとってはまたとない好機を迎えたのである。

しかし、すでに病魔に冒されていた信玄は、軍を進めることができず長篠に引き上げたが、病状が好転の兆しを見せなかったため、やむなく兵を納めて帰国することにした。甲斐に戻ろうとした信玄は四月十二日、途中の伊那駒場《こまんば》（下伊那郡阿智村）において五十三歳で死亡した。甲斐の英雄も病魔には勝てず、異郷の地で夢を果たせぬまま没したのである。

信玄はどのような病気だったのだろうか。信玄の侍医を勤めた御宿監物《みしゅくけんもつ》の書状には、「肺肝に苦しむにより、病患はたちまち腹心に萌《きざ》して安んぜざること切なり」と記されている。

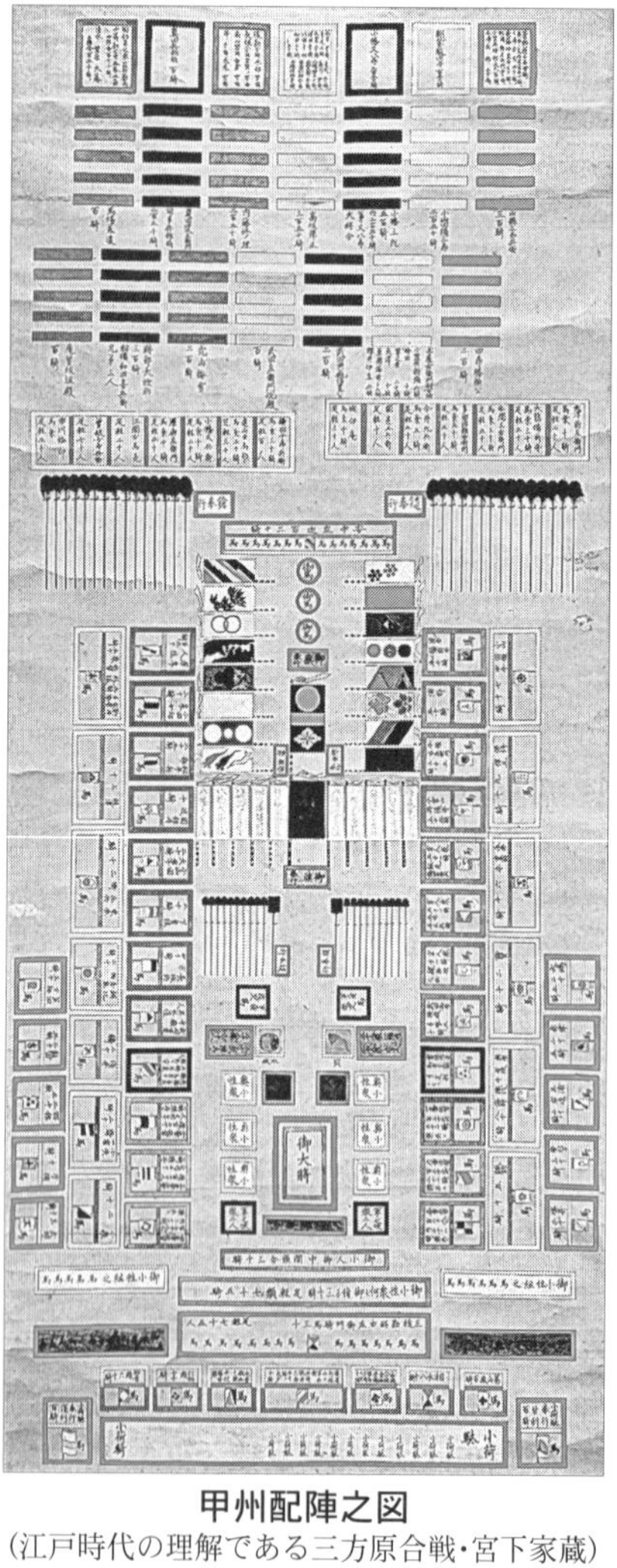

甲州配陣之図
(江戸時代の理解である三方原合戦・宮下家蔵)

この文章の肺肝を重視するのが肺結核説である。『甲陽軍鑑』には「膈《かく》という煩《わずら》い」とあるが、膈とは胸と脾臓との間、また胸部と腹部を分離する膜のことである。肺肝とは五臓の意で、病患たちまち腹心に萌《きざ》すという点から、病気が腹部から発生したとすると、胃癌説になる。そのほかに肝臓病説やかつて甲府盆地で猛威をふるった日本住血吸虫《じゅうけつきゅうちゅう》病(地方病)説もある。さらに、徳川方では野田城攻撃中に撃った鉄砲に当たったのだとする説もあるが、これは徳川方のひいきによるものであろう。

ともかく、戦国大名の代表者、武田信玄はこうして歴史の舞台から去っていった。

10　勝頼は諏訪氏だった ――父子の家臣団で抗争――

『塩山向嶽禅庵小年代記』は、天正元年（一五七三）の項に「武田信玄公御嫡男勝頼公位に至る、二十八歳の年也。人民快楽国土安穏、至祝至祝」と記している。勝頼が武田家の家督を継いだ時、人々は大いに喜んでいたのである。

勝頼という名前について『甲陽軍鑑』は、諏訪頼重の跡目を継ぐために武田家相伝の「信」の字でなく、諏訪氏の通字の「頼」の字を用いたとする。信玄は次男の竜宝《りゅうほう》（龍芳、海野信親《のぶちか》）に信濃の海野氏を継がせ、五男の盛信を仁科《にしな》氏の養子にするなど、血縁者に名門の名跡を継承させ、領国統治の手段にしたが、同様の意図により勝頼に諏訪氏を称させたのであろう。

勝頼は永禄五年（一五六二）に信濃伊那郡代になり、高遠城主になったとされる。永禄七年十一月、小野神社（長野県塩尻市）に梵鐘《ぼんしょう》を寄進したが、その銘文に「郡主勝頼」「諏訪四郎神勝頼」などとあり、彼がこの時期に伊那郡の郡主として、諏訪社上社の大祝の

勝頼が城主となった高遠城跡（伊那市観光協会提供）

血を引く諏訪氏（神氏）であるとの意識を強く持っていたことが明示されている。

信玄は嫡男義信を幽閉した永禄八年ころ、義信以外の後継者を用意する必要に迫られた。次男の竜宝は盲目で海野氏を継ぎ、三男の信之《のぶゆき》は早世したために、候補者は勝頼だけであった。永禄八年に勝頼は織田信長の養女と結婚した。相手の家柄からして、結婚は勝頼の武田家相続への準備だったと考えられる。

信玄は永禄十二年に滝山城《たきやま》（八王子市）を攻めた時、勝頼を大将にして攻撃させた。勝頼は同年の相模国三増《みませ》峠（神奈川県愛川町）合戦、駿河蒲原城（静岡市清水区）攻め、翌永禄十三年の駿河花沢城（焼津市）攻めなどでも活躍した。義信の死後、勝頼は武田家相続者の地位を確定し、軍事的にも信玄を補佐して、後継者としての実質を示していたのである。

勝頼が信濃の高遠から甲府へ移ったのは、元亀二年（一五七一）の二月から三月ころであった。信玄は前年の四月、将軍足利義昭の近臣一色藤長《いっしきふじなが》に、駿州山西において義昭へ万疋の御料所、藤長へ五千疋の所を進上すると約束した上で、勝頼への官途（官史の職務や地位）と義昭から名前の一字を欲しいと願っていた。幕府の権威を勝頼の背後に置いてから、彼に武田家を継がそうとしたのであろう。

甲府に移った勝頼は対外交渉でも、信玄の後継者であることを文書で明らかにしはじめた。元亀三年正月十四日、大坂本願寺第十一世の顕如《けんにょ》（光佐、妻は三条公頼の三女の如春尼。この関係から武田家とのつながりも深い）は、信玄と勝頼のそれぞれに太刀や黄金などを送った。勝頼は顕如に武田家第二の実力者で、信玄の後継者として意識されていたわけである。このころから勝頼は単独で、領国全体の支配に関わる命令書を出すようになった。信玄の代わりに軍の先頭に立つことも多くなり、信玄が元亀三年十月に西上の軍を動かした時も、勝頼は副大将の役割を担っていた。

武田勝頼甲冑像
（富士山本宮浅間大社蔵）

信玄が病没し、勝頼が武田家を担ったのは勝頼が甲府に移ってからわずか二年後のことであった。『甲陽軍鑑』のように信玄の後継者は勝頼の子の信勝で、勝頼はその陣代にすぎなかったとの理解が存在するが、この説の背景には勝頼が元亀二年まで甲府に呼び寄せられず、正式に政権移譲を受けていなかった事実がある。信玄は自分が父を追い出し、義信によって謀反を起こされた経験から、勝頼に力をつけさせたならば同じめにあう可能性があると考え、勝頼へ政権を渡すのをぎりぎりまで遅らそうとしていたのではないだろうか。

勝頼は永禄五年から十年にわたって、高遠城主として独自の家臣団を形成してきた。いうならば、独自の家臣団を持った高遠領主の諏訪氏が、家臣を連れてきて武田家を相続したのである。このため信玄のもとにあった家臣団と、勝頼とともに入ってきた家臣団の間に不和が生じた。『甲陽軍鑑』には、古くからの家臣と新しい家臣との間の抗争がいくつか記されているが、性格の異なる集団の存在が勝頼の家臣団統制を困難にしたのである。

11　長篠合戦と新府城 ――新たな領国支配に向けて――

天正三年（一五七五）四月、勝頼は兵を率いて三河に向かい、二十一日に長篠城を攻めた。五月十八日、家康から救援を求められた信長は設楽原《したらがはら》（愛知県新城市）に着き、極楽寺山に陣を置いて、連吾川《れんごがわ》を前面にして武田軍の騎馬隊の動きを封ずるため三重の柵を立て連ね、陣の前に堀を掘り、足軽の鉄砲隊三千人を配置した。勝頼も清井田付近に進んで布陣した。両軍の兵力には諸説あるが、高柳光壽氏によれば織田・徳川の連合軍が一万七、八千人、武田軍が六千人ぐらいだったという。私が講演などで質問してみると、多くの方は武田軍の方が人数が多いか、同等の兵力だと理解しているが、圧倒的に武田軍の方が小勢だった。五月二十一日朝五時から六時ごろの間に、勝頼は総攻撃の采配を振った。武田軍は午後二時頃まで続けられた戦闘で、馬防柵と鉄砲により動きを止められ惨敗し、数千人に及ぶ戦死者を出した。冷静に見るなら、三倍もの敵を相手に肉弾戦で、八時間から九時間もの長時間を戦ったものだと驚嘆させられる。

長篠合戦に大敗した勝頼は、長篠から帰ると体制立て直しのために、即座に戦死者の家を継がせたり、鉄砲を用意させるなどの手を打った。天正四年四月十六日、信玄の正式な葬儀を恵林寺（甲州市）で行ったが、勝頼はこれによって長篠敗戦という武田家の大きな危機に、一応の区切りをつけようとしたのだろう。

勝頼は天正五年正月二十二日、相模の北条氏政の妹を妻に迎えて、相・甲同盟を成立させ、孤立無援の状況から抜け出すことができた。

天正六年三月十三日、上杉謙信が死亡すると跡目をめぐって景勝と景虎が争い、景虎の兄北条氏政が早速軍を動かし、氏政から支援を求められた勝頼も軍を率いて出発した。氏政は上野の沼田（沼田市）へ入り利根川以東を手中にしたが、川西の諸城が景勝側についたので、越後へ進めなかった。当面の敵が勝頼だけになった景勝は、窮余の一策として彼と結ぼうとし、勝頼が受け入れたので、家督を握ることができた。同盟交渉を通じて、勝頼の妹菊姫と景勝との婚約も成立し、両者の同盟は確固たるものになった。

勝頼が景虎を見捨てたために、武田家と北条家との関係が悪くなり、九月五日に氏政は徳川家康と勝頼を挟撃することを約束した。一方、武田家と上杉家との関係は、北条と徳川との連合に対抗するかのように、十月二十日に勝頼の妹菊姫が春日山城の景勝のもとへ輿入れをして、いっそう強固になった。

領国内の安定と対外交渉の成果を背景に、勝頼は領国の支配の拠点として、また織田信長の侵攻に備えるため、新府《しんぷ》城（韮崎市）を築くことにした。ここは七里岩《しちりいわ》の台地上に位置し、防御にはうってつけで、勝頼の精神的にも経済的にも根拠地である諏訪方面の

新府城跡（韮崎市観光協会提供）

入口に当たり、城の西を流れる釜無川を下れば駿河方面にも出ることができ、領国の中心になりうる地点であった。

俗説では、信玄は「人は石垣人は城」といって、家臣や領国民を信用し甲斐の国内に大きな城を築かなかったのに、勝頼が新府城を築いたので武田氏が滅亡したという。しかし、甲府の躑躅ヶ崎館は戦国大名の館として小さいものでなく、典型的な大きさである。信玄の段階では石垣の上に天守閣を築く近世的な城は成立しておらず、我々がイメージする隅から積み上げる高い石垣の技術は、まだ甲州に伝わっていなかった。技術的に見ても躑躅ヶ崎館と新府城では格段の差があり、縄張も規模も大きな飛躍が見てとれる。武田氏は勝頼の時代になって、やっと新府城を築くだけの力を持つことができたのである。

天正九年（一五八一）一月、勝頼の意を奉じた真田昌幸は、新府城築城のため人夫を徴発するので、領中の人間も来月十五日に着府するようにと家臣に連絡した。工事は順調に進み、勝頼は九月に城が落成したことを同盟者に伝え、十一月の終わりから十二月の初めころに、新府城に移ったようである。この時点で、勝頼は危機を切り抜けたと考えていたことであろう。

12　武田家滅亡——織田軍の攻撃と逃避行——

織田信長は、天正九年（一五八一）十二月に甲州進攻の準備として米八千俵を購入し、三河の牧野城（愛知県豊川市）に備えた。木曾谷を支配していた木曾義昌は情勢を見て翌年正月、弟を信長のもとに差し出した。義昌は妻が信玄の娘であったにもかかわらず、いち早く織田信長と結びついて勢力を拡大しようと動いたのである。

武田勝頼は二月二日に息子の信勝や信玄の弟信繁の子信豊《のぶとよ》などと共に、兵一万五千で義昌討伐のため信濃へ出陣し、諏訪の上原（長野県茅野市）に陣をすえて、他国から武田氏の領国へ入る諸口の警備などを命じた。

信長は二月三日、武田領国に攻め込むように命令を下し、駿河口から徳川家康、関東口から北条氏政、飛騨口から金森長近《かなもりながちか》、伊那口から信長と彼の長男信忠が二手に分かれて乱入する手はずが整った。この日、信忠は尾張・美濃の人数を引き連れ、伊那に向かって木曾口・岩村口から武田領国に攻め入った。

下伊那方面の武田軍は織田軍に追いつめられ、北へ北へと敗走した。木曾義昌攻撃のために動いていた武田勢も、二月十六日に鳥居峠（塩尻市と木祖村との間の峠）で敗退した。勝頼は伊那の拠点である大島城（下伊那郡松川町）に信玄弟の逍遙軒信綱《しょうようけんしんこう》（武田信廉）を入れて守らせたが、織田軍の攻撃の前に落城してしまった。

二月二十九日、織田信忠は高遠城を守る勝頼の弟である仁科盛信に降参を促した。けれども、県歌「信濃国」にもうたわれている仁科盛信は応じなかった。織田軍が三月二日の払暁に高遠城攻撃をしかけたので、武田軍は死力を尽くして戦ったが、四百人が壮絶な戦死を遂げ、城が陥落した。これが織田軍の信濃侵入に際して武田軍が見せた唯一の徹底抗戦で、高遠城の落城は武田家の行く末を暗示するものとなった。

勝頼父子と信豊は二月二十八日、上原を打ち払い、昨年末に完成したばかりの新府城に兵を納めた。勝頼は信濃を支えきれないと判断したのであろう。勝頼は高遠城が落ち、織田信忠が新府へ向けて軍勢を動かしており、次々と味方が脱落していると情報を得た。

穴山梅雪斎像（静岡市霊泉寺蔵）

二月二十九日に河内地方を領し、武田家と姻戚関係にあり、家臣の中でも最大の勢力を持つ穴山梅雪斎《ばいせつさい》不白《ふはく》（信君）が徳川家康に臣属したことを知って、武士たちも武田家を見限ったため、勝頼の周囲には旗本の人数すらほとんどいなくなってしまった。

おおかたの家臣が逃げ、親類の者にまで見捨てられた中で、勝頼は新府城に立て籠って戦うのは無理だと判断し、三月三日の午前六時ころ城へ火を放ち、自然の要害である岩《いわ》殿城《とのじょう》（大月市）に向かうことにした。当時、武士は情勢次第でいつ裏切るかわからなかったので、それを阻止しようと新府城には人質が多く集められていたが、彼らを残したまま火をかけたので、人質の泣き悲しむ声は天にも届くばかりであったという。

一行は勝頼の妻（北条氏政の妹）、側上臈《そばじょうろう》（勝頼の妻の側に仕えた身分の高い女官）、勝頼の伯母大方、信玄末子の娘、お付きの者など二百余人であったが、その中で馬に乗っている者は二十人もいなかった。誠に哀れな逃避行となったのである。

三月十一日、武田勝頼父子・簾中《れんちゅう》（貴婦人方）・一門の者が駒飼《こまかい》（甲州市）の山中に引き

武田勝頼の墓
（景徳院・甲州市提供）

籠ったと滝川一益《かずます》が聞いて捜索したところ、田野《たの》の平屋敷に居陣していることがわかり、一行を取り巻かせた。勝頼は逃れるのが不可能だと判断し、互いに刺しあって、自刃した。この時、勝頼は三十七歳、夫人が十九歳、嫡男の信勝が十六歳であった。こうして甲斐・信濃・西上州・駿河などに大きな勢力を張った武田氏は滅亡したのである。

13　勝頼は劣っていたのか ——レースの勝者は一人——

名門の武田家をあっけなく滅ぼしたとして、勝頼の評判はきわめて悪いが、彼は本当に駄目な武将だったのだろうか。

武田家は天正三年（一五七五）の長篠合戦に敗れてから、坂を転がるように落ち目になったと理解されがちだが、実状は異なる。

長篠での敗戦によって、武田家は領土の拡大を望めなくなった。このために勝頼は領国内部における支配の浸透に意を注ぎ、支配を安定させた。その具体策の一つが土地の面積をはかり、生産量を掌握する検地であった。勝頼は土地の係争が起きたり、新たな宛がいをする度ごとに検地を行い、領内の生産力掌握に努めた。これを通じて家臣団に軍役《ぐんえき》（武士が主君に対して負う軍事上の負担）を厳しく課すことが可能になり、軍団の支配も浸透していった。武田氏が出した軍役史料は十六点知られているが、その内十一点、全体の三分の二もが、天正四年以降に出ているのである。

一方で商人や職人などに対する支配も強化した。職人や商人に関わる史料は、勝頼時代の方が信玄時代より多く残っていて、職人役や商人役の徴発に努力したことが知られる。諏訪の春芳《しゅんぽう》など商人で財政に関わる御蔵前衆の動きも活発になった。

領国民への年貢や役負担も増大させた。信玄の代のように領土拡張を前提として、新たな領土から年貢や棟別銭を取ることで経済力を強めるのは、いわば重農主義であろうが、勝頼は領土が増えなくなっただけに、領国内の商人や職人から利益を得ようとする重商主義に転じ、ある程度成功したようである。

武田家が支配の立て直しをはかっていた時、越後の上杉家で御館《おたて》の乱が起き、勝頼は

要害城跡遠望（著者撮影）

最終的に景勝と同盟を結んで、景勝から上杉領の上野国（群馬県）と信濃飯山（長野県飯山市）を譲ってもらった。信濃はこの時から一国全部が武田氏の支配下に入ったのである。

仮に勝頼が北条氏政の弟である景虎と結びついた場合、景虎が上杉の家督を継ぐことになる。そうなれば北条氏は関東一円から越後までを手に入れ、これまでの関東と比較すると圧倒的に強大になり、武田氏の勢力における武田、上杉、北条のバランスが崩れる。武田氏の勢力を拡大し、なおかつ全体の均衡を維持するために、勝頼は景勝と結びつくのが最良だと判断して行動したものと考える。

躑躅ヶ崎館と比較して圧倒的な規模を誇る新府城の築城には、多種類にわたる多数の職人を用意しなければならないが、勝頼は領国内での職人の支配を綿密にして、動員体制を整えていた。また、城を築く財源も領国内の支配が整ったことにより用意できたのだろう。

勝頼の築いた新府城にも新しさが見られる。信虎が躑躅ヶ崎館を設けた時には、領国統治以上に、身の安全を保つことに意が注がれ、いざという時に逃げ込むことのできる山に近い場所が選ばれた。信玄も父の意識を越えて新たな居城を築くには至らなかった。ところが勝頼の段階では、甲斐で武田家に刃向かうことはほとんど考えられなくなっていた。領国統治の進展が、避難よりも政庁の方に重点を置いた城を必要とさせたのである。躑躅ヶ崎の館が居住と政庁の館で、要害城が避難するための城であるとするなら、新府城は一つの城の中に、この両方の要素が組み込まれた城である。新府城は城郭史の大きな流れからするなら、山城から平山城へという転換期に相応した最新の城だった。

こうしてみると、勝頼は多くの人が考えるほど無能でなく、それどころか戦国大名としても先端を進んでいたといえる。ただ、同時代に織田信長というあまりに突出した人物がいたことが不幸だった。信玄が生きていたとしても、確実に武田家が安泰だったとはいえない。戦国大名たちは天下取りを目ざしたが、天下を取れるのは一人にすぎない。たとえ普通の人より優れた能力があったとしても、同じレースに特別な力を持った参加者がいたら、敗退するか、レースからおりて天下人の配下になるしかなかったのである。

二　越後上杉氏 ――家督相続の争いはここにもあった――

1　下剋上の代表長尾為景 ――守護を追い落とした守護代――

信玄の好敵手として知られ、信玄のことを批判している上杉謙信だが、彼の家（本来は長尾家）では家督相続をめぐって争いが起きなかったのだろうか。これから越後の上杉家を見ていこう。

永正三年（一五〇六）七月十五日、謙信の祖父にあたる長尾能景《よしかげ》は、一向一揆を押さえようとする越中守護の畠山尚順《ひさより》の依頼で、越中に攻め込んだ。ところが、尚順と対立していた守護代の神保慶宗《じんぼうよしむね》が寝返り、能景は退路を断たれて盤若野《はんにゃの》（富山県砺波市）で戦い、九月十九日に戦死した。このため、越後守護代長尾家は、謙信の父親に当たる為景が相続することになった。甲斐で武田信虎が家督を継ぐ前年のことであった。

為景は永正四年八月一日、当時の越後守護上杉房能に対抗して房能の養子定実を擁立し、房能を府中（上越市）から追い、八月七日に天水越《あまみずこし》（新潟県十日町市）で自刃させた。

揚北《あがきた》衆の本庄房長・色部昌長・竹俣清綱などが、弔い合戦だとして為景追討の兵をあげたが、為景方の中条藤資《ふじすけ》・築地《ついじ》忠基《ただもと》らは十月に本庄城（新潟県村上市）、翌年五月に色部要害（同）を攻略し、為景も六月二十九日に竹俣清綱の籠もる岩谷城（新発田市）を攻め落とした。反為景の人々は次第に孤立し、永正五年二月、岩代若松城（福島県会津若松市）の蘆名《あしな》盛高《もりたか》の仲介によって降伏した。そこで幕府はこの年十一月六日、上杉定実を越後守護に、為景を越後守護代に補任した。

房能の敗死を知った兄の関東管領上杉顕定は、永正六年七月二十八日に養子の憲房とともに八千余騎を率いて越後に攻め込んだ。八月、顕定軍に敗れた為景は越中に逃げ、翌年四月十五日に軍を立て直して佐渡に渡り、二十日に蒲原津（新潟市）に上陸した。このころ定実の実家に当たる上杉定憲が上条《じょうじょう》（柏崎市）で兵をあげ、村山直義も五月二十二日に今井・黒川（糸魚川市）で顕定軍を破った。為景は顕定軍が撤退すると寺泊《てらどまり》（三島郡寺泊町）を占領し、椎谷《しいや》（柏崎市）の戦いで敵軍に勝利し、六月二十日には顕定を長森原（南魚沼市）で討ち取った。妻有《つまり》庄（十日町市）に陣を張っていた憲房は、上野白井城（群馬県渋川市）へ逃げ帰った。

為景が擁立した守護上杉定実は、為景の意に反して独自の行動を取り始めた。永正十年七月、守護家と関係の深い宇佐美房忠が小野城（新潟県上越市）に立て籠もったので、為景は八月に兵を率いて攻めた。九月、守護方の国人たちは信州の土豪たちを誘って、為景に反乱を起こした。十月十三日に上杉定実が春日山城に入城したため、為景は急いで春日山城を包囲し、彼を十月二十三日に為景の館へ押し込めた。

永正十一年五月、為景は小野城を再び攻撃し、宇佐美房忠を岩手城（上越市）へ後退させ、五月二十六日ここを攻め落として、房忠以下の一族を戦死させた。これによって、為景は越後の実権を完全に握った。

永正十七年十二月二十一日、為景は父の仇敵である神保慶宗が籠もる越中の新庄城（富山市）を陥落させ、大永元年（一五二一）二月、亡父能景の定めに従って一向宗を禁止した。さらに畠山尚順の要請により越中へ出陣し、越中国新川郡の守護代職を与えられ、椎名《しいな》長常《ながつね》を又守護代にして帰国した。大永五年、為景は将軍足利義晴に太刀・馬二匹・銭三千疋を贈り、そのほか幕閣の要人へも贈り物をし、将軍との関係を深め、立場をよくした。

守護代が守護を追い落とし、国の実権を握ったのであるから、長尾為景は下剋上の時代を代表する人だったといえる。武田家でいえば信虎と同じで、越後国をまとめる役割をしたのが為景だった。

2 混乱の中の晴景相続 ——守護にしたがわない国人たち——

享禄三年（一五三〇）十一月、上杉の一族である上条定憲《じょうじょうさだのり》が上条城（柏崎市）に立て籠もって、旧上杉氏勢力を結集して為景に反抗した。いわゆる「享禄・天文の乱」の始まりである。これを為景は「国錯乱《さくらん》」として、幕府の大館常興《おおだてじょうこう》（尚氏《ひさうじ》）に伝えた。

守護上杉定実方についたのは、上杉一族の上条定憲、上杉氏被官で琵琶島城（柏崎市）の宇佐美定満、同じく箕冠《みかぶり》城（上越市）の大熊朝秀《ともひで》、長尾氏一族で坂戸城（南魚沼市）の長尾房長、揚北衆で鳥坂《とっさか》城（胎内市）の中条藤資、黒川城（同）の黒川清実、平林城（村上市）の色部清長、本庄城（同）の本庄房長、新発田城（新発田市）の新発田綱貞、大場沢城（村上市）の鮎川清長、竹俣城（新発田市）の竹俣清綱などであった。

一方、為景方は三条城（三条市）の城代山吉政久、下倉《したぐら》城（魚沼市）の福王寺孝重、安田城（柏崎市）の安田景元、安田城（阿賀野市）の安田長秀、北条城（柏崎市）の北条光広などからなっていた。

為景は戦いが長く続いたので、後奈良天皇から天文四年（一五三五）六月十三日に御旗《みはた》、天文五年二月十日に内乱鎮定の綸旨《りんじ》（天皇の意志を伝える文書）を得て、天皇の権威を背景に乱を収拾しようとした。四月十日、為景軍は三分一原（上越市）で上条定憲方の宇佐美・柿崎軍と戦い、大勝した。やがて、為景は家督を長子で謙信の兄に当たる晴景に譲り、亡くなった。没年については天文五年、天文十一年など諸説がある。彼が家督を譲らねばならなくなった背景にも信玄が担ぎ出されたのと同様な、国人たちの動きがあったのであろう。

晴景の名は大永七年(一五二七)十二月十二日、将軍足利義晴から一字を得て付けたものだった。戦乱の中で家督を相続した晴景は、朝廷の権威を利用しようと綸旨を要請し、天文五年九月二十七日に「私敵治罰」の綸旨を入手した。こうしたこともあって、晴景は天文六年に色部・小川・鮎川・本庄・新発田などと講和し、天文七年までに揚北衆が晴景に帰服して乱が終結した。

守護の上杉定実には跡継ぎがなかったので、親戚である奥州の伊達《だて》稙宗《たねむね》の子供時宗丸を迎えることにした。これに賛成したのは中条藤資、平子《たいらこ》豊後守、直江実綱などで、反対したのは長尾晴景、色部勝長、本庄房長、竹俣清綱、黒川実氏、鮎川清長、安田長秀、加地《かじ》春綱《はるつな》などだった。稙宗は天文九年六月二十三日に、定実から「実」の一字を得て実《さね》元《もと》と名を改めた時宗丸に累代の家臣から選抜した百騎を付け越後に送ろうとしたが、異議を唱えた長男の晴宗によって鷹狩りの帰りに幽閉されてしまった。伊達家に天文の乱と呼ばれる内訌が生じたのである。また色部勝長は、本庄・鮎川・中条が伊達氏の配下になりかねないと判断して、実元を迎えようとした中条藤資の鳥坂城を攻撃した。中条藤資に援軍がなく、孤立したので、実元養子の件は自然消滅した。このため、上杉定実は天文十一年四月五日、隠退して別状なく安閑無事に暮らすと誓書を送った。こうなったからには、晴景が越後を支配しなくてはならないはずであった。

ところが、晴景は病弱だった上、越後の武士たちを統括する器量に欠けていたため、養子問題が起きてから中条藤資、本庄房長、色部勝長といった揚北衆は、彼を軽んじて命令に従わず、春日山にも出仕せず、勝手な振る舞いをするようになった。

鮎川清長が色部勝長にあてた誓書には、たとえ府内から本庄や貴方にどんな横槍が入ろうとも、決して見限ることはしないとの内容が記されている。府中の権威はなく、実態としては彼らが反乱を起こしたのと同様である。この時期の国人たちは、自分の立場をよくするためには、裏切るのが普通だったのである。

3　謙信登場 ──僧の道から武士の旗印に──

享禄三年（一五三〇）正月二十一日、越後守護代である長尾為景の夫人（古志《こし》長尾といわれた栖吉《すよし》城（長岡市）の長尾氏から出た）が子供を生んだ。干支が庚寅《かのえとら》であったことにちなんで童名を虎千代といい、後に平三景虎と称した。有名な上杉謙信の誕生である。宿敵の信玄出生から九年後だった。

謙信には晴景だけでなく景房、景康といった兄もいた。長兄の晴景は謙信よりも十八歳年長で、将軍から「晴」の一字をもらい、家督を継ぐことが約束されていた。三人（あるいは二人とも）も兄があった謙信は七歳の時、林泉寺（上越市）の天室光育《てんしつこういく》に預けられた。この寺は長尾家の菩提寺なので、何事もなかったら謙信は寺の住持になり、僧として名をなしたことだろう。

十四歳になった謙信は、兄の命により天文十二年（一五四三）の秋に林泉寺を出ることになった。栃尾城（栃尾市）代の本庄実乃《さねより》から危急を訴える書状が届いたため、晴景は古志郡・蒲原郡にある長尾家の本領を固めようとして、血のつながる弟を送り込んだのである。

謙信は九月、亡くなった父の為景に協力した日蓮宗本成寺《ほんじょうじ》（三条市）の日意《にちい》に寺領を安堵した。天文十三年二月には古志郡守門《すもん》神社へ社領を寄進した。このころ謙信は栃尾城を本拠としていたが、彼を若輩と侮った近辺の豪族たちが戦をしかけてきたので、彼らと戦わねばならなかった。そして、戦いを続けるため揚北の安田長秀、刈羽の北条高広、

長尾政景像（米沢市常慶院蔵）

岩船の小川長資などを味方に引き入れた。

天文十四年には上杉氏譜代の黒田秀忠が、黒滝城（西蒲原郡弥彦村）によって晴景に反旗を翻した。天文十五年十月、謙信は府中に帰り兄と相談の上で討伐するために糸魚川方面に出陣したが、秀忠が頭を剃って他国に行くと嘆願したので許した。ところが、翌年二月秀忠が再び黒滝城に籠もって反乱を企てたので、謙信は上杉定実の命を受けて、黒田一門をことごとく自害させた。上杉房能以来の老臣だった黒田秀忠を討伐したために、謙信の武名は高まった。謙信もこの戦争によって「結句、この家のことをも少々再興」と、長尾家を再興したと自負するに至った。

ところで、信濃中野小館（中野市）を根拠とする高梨氏は、謙信の祖母が出た家だった。また謙信の叔母は高梨政頼の妻であった。高梨政頼は揚北衆の中心者中条藤資の舅に当たる。両人は謙信の若いのに知勇兼備の姿を見て、病弱で越後の武将たちをまとめきれない晴景に代えて謙信を擁立し、守護代にすえ、国主にしようと運動を開始した。この動きに本庄実乃《さねより》（栃尾城）、上郡の大熊政秀（箕冠城）、直江実綱（与板城）、山吉行盛（三条城）、謙信の母の実家長尾景信（栖吉城）などの中越の豪族も荷担した。

一方、魚沼郡上田庄の坂戸城（南魚沼市）の長尾政景は、晴景の妹をめとっていた上に、古志長尾氏と対抗関係にあったので、晴景に加担した。中条藤資と境界争いを繰り返していた黒川清実も晴景に味方した。

こうして越後一国は大きく蒲原・古志の中郡の土豪たちに担ぎ出された謙信と、頸城・魚沼の上郡の土豪たちに支えられた晴景とに二分され、揚北衆の大部分が中郡に荷担した。武田信玄が家臣たちに信虎追放の旗印として利用されたように、謙信もまた家臣たちに担ぎ出されたのである。旗印になりうる血筋を持った人間は、当人の意志に関わりなく、周囲の人間によって歴史の舞台に押し出される時代だった。

4　兄を越えて ――家督相続と越後支配――

謙信方と晴景方は一触即発の状態になった。各地で武力衝突も生じたようだが、両者が争えば越後が混乱し、守護の座も危うくなるため、上杉定実が調停に乗り出した。結局、兄弟が和解し、天文十七年（一五四八）末に晴景は家督を謙信に譲ることに決め、大晦日に謙信が春日山に移り、兄と養父子の関係を結んで政権を握った。この時謙信は数え年で十九歳だったので、信玄より七年後に家督を得たことになる。一方、晴景は隠居して、四年後の天文二十二年二月十日に四十五歳で亡くなった。

家督を継いだ謙信は、天文十八年二月十六日に瑞麟寺領中の郡司不入・諸役免許を前々の通り保障した。天文十八年四月十九日には平子孫太郎の所領を安堵した。天文十九年二月、定実が継嗣がないまま亡くなると、謙信はすぐさま幕府から白傘袋・毛氈《もうせん》鞍覆いの免許を受け、名実ともに越後の国主になった。

反謙信方の長尾政景は、謙信のもとへ人質差し出しを拒否し、配下の者に段銭《たんせん》（税の一種）を免除して出陣の準備をさせ、天文十九年十二月に兵をあげた。謙信は所領問題で政景に不満を持っていた平子孫太郎、宇佐美定満などを勧誘して、政景を包囲し、翌年正月に政景方の発智《ほっち》長芳《ながよし》の居城である板木《いたぎ》城（南魚沼市）を攻撃して、母や妻を拉致《らち》した。戦況が謙信方に有利に展開したので、政景は弟を府中に派遣して和平交渉を開始したが成功せず、謙信自身が上田坂戸城に出陣してきたため、ついに和平を受け入れ、誓詞を捧げて降伏した。謙信はこれを許し、姉（仙洞院《せんとういん》）を政景と結婚させた。

天文二十一年正月、北条氏に圧迫された関東管領上杉憲政が謙信を頼ってきた。翌年には武田信玄に敗れた村上氏や高梨氏など、信濃の国人たちも援助を求めてやってきた。

弘治二年（一五五六）二月、謙信は隠退を決意して政務を放棄した。さらに六月二十八日には、師の天室光育《てんしつこういく》へ隠退して遠国に行きたいとの意志を告げた。その理由は、越後で長く続いた争乱が父為景以来の努力により終結し、信濃では信玄を追いつめた上で講和となり、味方も安心できるようになった。こうして長尾家の声望をあげ、家中も心を合わせようとしているのに、今は皆の考えが一致せず、自分を見放しているようである。これでは自分の立場を保つことができない、などというものであった。

早速、長尾政景が慰留工作に乗り出し、八月に謙信もそれを受け入れた。家臣一同は忠義を尽くす旨の起請文を提出し、中条藤資を筆頭にして人質を差し出した。実際には、謙信以外に国をまとめうる人がいなかったから、隠退をほのめかし、家臣たちにそれを止めるよう仕向けることによって、謙信は支配強化を目ざしたのである。こうした中で大熊朝秀が反乱を起こしたが、敗れて武田信玄を頼って甲斐に去った。

上杉謙信像（長岡市常安寺蔵）

永禄七年（一五六四）七月、長尾政景が上田庄坂戸近くの野尻湖で船遊び中に溺死した。この事件については事故死説、同乗していた宇佐美定満が船底に穴をあけておいたのだとする謀殺説など、諸説入り交じっているが、謙信にとって政景の死は越後支配上、大変に有利なことだった。謙信は政景の子供が幼弱だとして、春日山城に引き取って養子にした。彼が長尾喜平次、後の景勝である。また政景がいなくなった坂戸城には黒金氏を郡代として入部させ、上田衆の宮島三河守・栗林次郎左衛門とともに支配に当たらせた。こうして独立性の強かった上田衆も謙信の統制下に置かれることになったのである。

5　続く戦い ──転戦と関東管領就任──

上杉謙信の戦いでもっとも有名なのは川中島合戦であるが、それについては別に扱うので、川中島合戦以外の動きについてここで触れよう。

謙信は天文二十二年（一五五三）九月に信濃から帰ると上洛し、後奈良天皇から剣と盃を与えられ、忠誠を誓った。また、天皇から「住国ならびに隣国において敵心を挟む輩」を治罰したことを賞され、綸旨を与えられた。謙信は旧来の権威によりながら、自己の正当化をはかったのである。また、この上洛では石山本願寺や堺商人と接触した。

永禄二年（一五五九）四月三日、謙信は五千人余りの家臣を従えて再び上洛した。二十七日に京都に入ると将軍義輝、ついで正親町《おおぎまち》天皇に謁した。その後、謙信は将軍や彼と姻戚関係にあった関白近衛前嗣《このえさきつぐ》と会見し、たとえ越後でどのような禍乱（世の乱れや騒動）が起きても、越後のことを捨てて将軍を守り奉公する、と申し出た。義輝は六月二十六日に四通の御内書《ごないしょ》（室町幕府将軍が出した私的な形式をとった公文書）を出して、文書を包む封紙の裏書きを省略したり、漆塗りの輿に乗ること（これらは目に見える形で地位を示すことであった）などを許し、上杉憲政が関東の支配ができるように助言・尽力し、信濃国の諸侍に意見をせよと命じた。これによって謙信は関東出兵の根拠を得、また信濃出兵の理由付けもできた。

謙信は永禄三年八月、春日山城を発して厩橋《まやばし》城（群馬県前橋市）に入り、翌年三月には小田原城（神奈川県小田原市）を包囲した。一月半にわたって攻撃している間に、信玄が信濃に進出し、越中の一向一揆が越後に入ったという急報が届いたので、このままではまずいと判断した謙信は、兵をまとめて鎌倉に引き上げた。ここで謙信は病気の上杉憲政から上杉の名跡と関東管領職を譲られ、憲政の一字をもらって上杉政虎と名乗ることになり、閏三月二十六日、鎌倉の鶴岡八幡宮で関東管領就任の儀式を行った。

永禄三年（一五六〇）、謙信は松倉城（富山県魚津市）の椎名康胤《やすたね》を助け、富山城主の神保長職《ながもと》を攻撃した。永禄十一年になると椎名康胤は信玄と結び、一向一揆とともに越後を脅かした。謙信は松倉城を攻略し、放生津《ほうじょうづ》（新湊市）に進んで、守山城（高岡市）を攻撃した。その時、本庄繁長が謀反したとの知らせが入ったので、急遽春日山に帰り、十月二十日に繁長の立て籠もる本庄城（村上市）に向かった。謙信は翌年三月に至って、この城を陥落させた。

永禄十一年に信玄が駿府を攻略すると、北条氏康は越相同盟の交渉に乗り出した。翌年閏五月、氏康は氏政の実子（後に弟の三郎に替わる）を謙信に人質として差し出し、彼が謙信の名跡を継げば管領職は北条の血筋に継承されるため、上野は上杉本国であるとの謙信の主張を入れて一国割譲を承諾し、越相同盟が成立した。

天正元年（一五七三）に武田信玄が病死すると、越中に住む反謙信の諸将は後ろ盾を失ったので、謙信は越中を平定し、能登・加賀へ進出を目ざした。さらに天正四年五月、本願寺の顕如光佐との間で和睦が成立し、謙信は上洛の道を確保することができた。

謙信は天正五年、能登畠山氏の重臣長綱連《ちょうつなつら》が謙信方の熊木城（石川県七尾市）、富木《とぎ》城（輪島市町）を奪回して、穴水城（鳳至郡穴水町）に迫ったという情報を得て、閏七月十七日に七尾城（七尾市）を包囲した。さらに彼は遊佐続光《ゆさつぐみつ》に密書を送って、畠山氏の旧領を与えるとの条件で味方に引き入れ、続光が九月十五日に温井景隆らとクーデターを起こし、長一族百余人を殺害して七尾城を開城した。その後、謙信は加賀湊川（手取川、石川県白山市）で柴田勝家・前田利家・羽柴秀吉・滝川一益らの織田信長軍を撃破し、加賀の北半分を平定した。

6　謙信の死 ——飲酒と肖像画——

謙信は天正五年（一五七七）に北陸を平定して帰国する際、七尾城の畠山義隆の未亡人を連れてきた。彼女を婿に予定していた北条《きたじょう》景広の家に預け、母親がまんざらでもない様子を見て、厩橋にいた景広の父親高広に結婚の承諾を求めた。

十二月二十三日、謙信は配下八十一名の将士の名前を書きならべた。そこには東は関東から、西は越中の瑞泉寺（南砺市）・勝興寺（高岡市）、加賀の武将にいたるまでが記されている。次の作戦で軍事動員をするための準備だった。

謙信は天正六年正月十九日、関東出兵のために大軍を招集する陣触をまわした。ところが、二月中旬ごろから気分が優れなくなり、体力が日々衰えてきた。三月はじめから諸将が兵を率いて春日山城下に集まってきたので、謙信は病を押して諸将を観閲し、部署を定め、三月十五日に出陣することを決めた。

三月九日午刻（正午ころ）、謙信は便所に行って、急に倒れ、人事不省に陥ってしまった。側近の人々が驚いて介抱し、名医を呼んで治療したり、社寺に祈祷などを行わせたりしたが、その効果もなく十三日の未刻（午後二時ころ）に亡くなった。享年四十九歳、信玄よりも四年短い人生で、現代人からすると若死にといえるだろう。

継嗣となった景勝は書状に、「去る十三日謙信不慮の虫気《ちゅうき》執り直られず遠行」と書いている。死因については様々だが、脳卒中だったようである。

謙信は亡くなる一ヶ月ほど前の二月、側近の蔵田五郎左衛門に命じて、京都の画工を招き、法体《ほったい》（僧侶の姿）で自分の肖像を描かせた。完成したのは奇しくも死去の日だったので、遺言によってただちに遺髪を添えて、謙信が師と仰いだ高野山無量光院主の清胤《せいいん》（性遍房、もと越後の宝幢寺住）に送られた。以後、同院では忌日ごとに供養が続けられた。その絵は謙信の等身大で、雲に乗って天に昇る構図だったが、明治二十一年（一八八八）に火災で焼失してしまった。このため同三十一年に改めて上杉家から無量光院に肖像画が納められた。構図は異なるが、謙信のヒゲや眉などの風貌は以前のものと同じだという。同系統の謙信画像が山形県米沢市の上杉神社などにも伝わっている。

謙信はかねて辞世の句を用意していた。

四十九年一睡夢　一期栄華一盃酒（四十九年一睡の夢、一期の栄華一盃の酒）

この句にも出てくるように謙信は酒好きであった。上杉神社に伝わる謙信愛用の春日杯と名づけられた盃には一合近く入るが、これは謙信が酒杯として日夜愛用したものだという。また同じく上杉神社が所蔵する馬上杯には三合近くの酒が入り、謙信が馬上用の酒杯に使ったと伝えられている。謙信は一生を戦争で暮らし、特に四十歳を過ぎてからは関東・北陸を股にかけて転戦していたので、精神的にも肉体的にも極限状態にあったといえるだろう。この緊張を解くために大酒を飲んだのかもしれないが、それが死期を早めた要因の一つになった。

謙信の遺骸は甲冑が着せられ、甕《かめ》に納めて密封された。葬儀は十五日に春日山北丸の大乗寺良海《りょうかい》を導師として行われた。慶長三年（一五九八）に上杉景勝が会津に移ると、同年八月に石郭を掘り起こし、甕棺を輿に乗せて会津に運んだ。慶長六年、景勝の米沢移封とともに謙信の遺骸も米沢城本丸の御堂《みどう》に納められ、二の丸の真言宗寺院によって手厚く祀られた。元和九年（一六二三）景勝が亡くなった時、謙信の遺骸の避難所として選ばれた米沢藩主上杉家の墓所に廟が建てられ、明治九年（一八七六）に遺骸もこの地に移り、現在に至っている。

7　謙信の跡目をめぐって——景虎と景勝の相続争い——

天正六年（一五七八）三月十三日に謙信が死去すると、二人の養子の間で後継者争いが始まった。

養子の一人景勝は、坂戸城（南魚沼市）を本拠とした長尾政景と謙信の姉との間に弘治元年（一五五五）に生まれ、父の死後謙信が引き取って、春日山城のならびの曲輪（中城）に住まわせていた。もう一人の養子景虎は、小田原の北条氏康の七男として天文二十三年（一五五四）に生まれ、少年時代、甲・駿・相の三国同盟が成立した折、甲斐に送られて信玄の養子となり、永禄十年（一五六七）に甲・相の間が不和になった時に小田原に帰され、永禄十三年（元亀元年）に越相同盟が成立すると、越後に送られてきた。謙信は彼を養子とし、自分の若い時の名前である景虎を与え、景勝の姉を妻にさせ、春日山城の二の曲輪に住まわせていた。

景勝と景虎では血筋は景勝の方が謙信に近いものの、景虎は謙信の初名を与えられており、北条氏政という有力な後楯もあったため、両人が熾烈な相続争いを始めた。なお、畠山氏からの人質である上条政繁(宜順)もいたが、彼は上条上杉氏を相続して、一門の待遇を受けていたために、跡継ぎとなる可能性はほとんどなかった。

三月下旬、景勝は謙信の遺言だとして、春日山城の実城《みじょう》(本丸)を占領して、土蔵の大金を押さえた。まさか忌中に景勝が行動を起こすとは思ってもいなかったはずであるから、景虎は不意をつかれたことだろう。

四月中旬から両者の間で戦闘が始まり、景勝は景虎方の北条高常・片野元忠父子を討ち取った信濃の岡田十左衛門に、五月十日付で感状《かんじょう》(武将が戦功のあった将士を賞するために出す文書)を与えた。形勢不利と見た景虎は五月十三日、妻子を伴って春日山城を脱出し、前関東管領上杉憲政が住んでいる府中の御館《おたて》に逃れた。御館は東西百五十四メートル、南北百六十メートルの内郭を持ち、その周囲に二重の土塁と堀をめぐらした大規模な館だった。この御館における攻防が、家督争いの山をなしたので、この争乱を御館の乱と呼ぶ。

景勝にとって春日山城とそこに蓄えられていた金を握ったことは有利だった。一方、景虎が御館に入って前関東管領の上杉憲政を抱き込んだことは、彼が謙信の正統な後継者であるとの印象を抱かせた。謙信に仕えていた諸将は、それぞれの思惑で景勝あるいは景虎につき、上杉家臣団が再び分裂した。

景虎の実家である北条家と領国を接する上野在陣の諸将は景虎方に、魚沼地方・北蒲原地方の諸将は大部分が景勝に味方した。中には一族が二派に分かれることもあった。河田長親は景勝方だったが、叔父の重親は景虎方だった。山本寺氏は兄の定長が景虎方、弟の孝長が景勝方、信濃飯山（長野県飯山市）の岩井氏は大和と式部が景虎方、昌能と信能は景勝方だった。色部氏の場合、当主の長実が景勝方なのに、家臣は景虎方についた。二手に分かれておけば、家はつながる。それぞれが家を維持し、さらにより勢力を大きくするために、考えて態度を決めたのである。

五月十六日、景虎方で三条町奉行だった東条佐渡守が春日山城の城下町に火をかけ、多くの人家を焼き払った。加えて鮫ケ尾《さめがお》城（新潟県妙高市）や飯山城などからの援軍もあったので、景虎勢は士気が大いに上がり、一気に春日山城を乗っ取ろうとして翌十七日に大挙攻撃を加えたが、飯山城主の桃井義孝《もものいよしたか》が戦死して計画の達成はならなかった。五月十六日および二十二日には荒川館で戦いがあった。二十二日には愛宕（上越市）でも衝突した。戦いは当初景虎方が優勢で、景勝方が受け身にまわっていた。

8　勝頼と御館の乱 ――景勝と同盟を結ぶ道を選ぶ――

天正六年(一五七八)越後の内紛を見て、上杉氏と領域を接する武田氏と北条氏は早速軍を動かした。特に景虎の兄である北条氏政は、すぐさま支援を勝頼に求めるとともに越後に向けて兵を出した。勝頼は小諸城(長野県小諸市)主で、信玄の弟の信繁の子である信豊を先陣として進発させ、自らも兵を率いて出発した。この時の兵力については一万余から三万余まで諸説があるが、大軍であったことは疑いない。近隣の大勢力である氏政と勝頼の動きによって、景勝は窮地に陥った。

氏政は上野の沼田へ入り利根川以東をおおむね手中にしたが、川西の諸城が景勝側についたので、関東から越後に進むことができなかった。このため景勝の当面の敵は勝頼だけになった。そこで景勝は武田軍先陣の信豊に講和の斡旋を依頼した。講和条件の中には、信長・家康との同盟を解消して、武田・上杉の同盟を結ぶこと、信濃と上野の上杉領を勝頼に割譲することが入っていたようである。信豊は海津城(現松代城、長野市)の春日虎綱(高坂昌信)と協議して、二人で講和の仲立ちをした。

勝頼は小田原から北条軍の出兵もないのに、大勢の兵員と戦費を投入して春日山城を攻撃するよりも、被害を少なくして大きな利益を得た方がよいと判断したのだろう、六月七日、跡部勝資が春日山城の武将に講和を承諾した旨の返事を出した。間もなく景勝が誓紙を送ったので、六月十二日に信豊は海津城に着いた勝頼にこれを見せている。

六月二十二日に勝頼は長沼（長野市）に陣を進め、二十七日に春日山城の城下に迫り、二十九日に城下の下木田に着陣した。勝頼は景勝と手を結んだものの、姻戚関係によって景虎を見捨てることができず、双方に和平の斡旋を始めた。具体的な条件は不明だが、勝頼は七月二十三日に、景勝の家臣で信濃出身の仁科中務丞・山吉掃部助《かもんのすけ》などに、「当国惑乱、景虎・景勝辜負《こふ》（そむく、裏切る）歎かわしく候の間、和親媒介のためふと出馬、越府在陣」したと、景勝へ連絡させた。和平工作は八月中旬ころ一応の成果をあげ、二十日に景勝が斡旋に対する礼として、勝頼へ太刀一腰・馬一頭・青銅千疋を贈った。しかし、和平に至らず、勝頼は八月二十八日に陣を引き払った。

勝頼は景勝と同盟交渉をするに際して、妹のお菊と景勝との婚約を持ちかけたので、十二月に景勝より結納品が届けられ、両者の同盟が確固たるものになった。この間にも景勝と景虎との戦いは続けられたが、次第に景勝が有利になり、天正七年三月十七日に景勝は御館を攻め落とし、上杉憲政を殺した。景虎は鮫ヶ尾城に逃げ込んだが、景勝の攻撃を防ぐことができず、三月二十四日に自刃した。四月八日に景勝が築地資豊にあてた書状には、「去る月二十四、館落去、三郎（景虎）切腹、その他南方（北条）衆を始

春日虎綱が城代をつとめた海津（現松代）城跡（著者撮影）

め、楯籠もる者共一人も漏らさず討ち果たし候、去年以来の鬱憤《うっぷん》を散らし、大慶これに過ぎず候」と書いている。

景虎が滅ぼされると北条と武田との関係は悪化し、氏政は九月五日に徳川家康と勝頼を挟撃する約束をした。一方、勝頼と景勝とは、天正七年（一五七九）十月二十日にお菊が春日山城に嫁いで、強く結びついた。

勝頼は御館の乱をめぐっての景勝との盟約条件に従って、景勝が上杉家を相続してから後、上杉領であった上野と信濃を割譲させた。信濃でも春日山に近い飯山城などは上杉家が領していたが、これによって武田家は信濃全体を領するようになった。信濃全域が武田家の領国に組み入れられたのは、武田勝頼の時代で、期間的には足掛け四年、実質的には二年余りにすぎなかった。

9 武田家滅亡と上杉家――北信濃の領有と織田家――

御館の乱で上杉家が混乱した状況を見て、織田信長軍は越中まで攻めてきた。天正九年（一五八一）には、新発田城の新発田重家《しげいえ》（綱貞の子）が信長や会津の蘆名盛隆（盛氏の養子）と結んで、景勝と対立するようになった。

景勝にとってもっとも重大な問題は、勢力を伸ばしてきた織田軍にいかに対処するかであった。景勝は蓼沼《たでぬま》友重を木場城（新潟市）、甘糟《あまかす》景継を護摩堂城（南蒲原郡田上町）に送り込んで、新発田重家に備えた。八月に武田勝頼は跡部勝資と長坂光堅《こうけん》（釣閑斎）を派遣して、重家と景勝の間を調停しようとしたが成功しなかった。信長は岩船郡の本庄繁長や信濃出身の高梨氏にも誘いの手を伸ばしていたのである。

天正九年に武田勝頼が新府城（韮崎市）を築いたと聞いた景勝は祝意を表し、祝儀を贈ったので、勝頼より十一月十日付の礼状を得た。

信長は武田氏を攻撃するに当たって、景勝が救援軍を出せないように、越後国内で新発田氏や蘆名氏に反乱を起こさせ、国外でも佐々成政らに越中口から越後を突かせた。天正十年二月に織田軍が甲斐へ進撃すると、武田軍は敗戦を重ねた。このため、勝頼と同盟関係にあった上杉景勝は、援兵を送る旨を知らせた。勝頼は二月二十日景勝に書状を送り、木曾義昌が逆心を企てたので木曾谷攻撃のための軍を起こし、ほとんど撃砕したが、相手は砦に立て籠もったため時間がかかった。この間に下伊那では地下人などが織田方に与して蜂起したが、分国の軍勢を集めて退治をするつもりなので、軍勢は不足していないけれども、二千でも三千でもいいから兵を出してくれたら有り難い、と支援を要請した。軍勢は十分だといいながら、少しでも多くの兵を送って欲しいと依頼しているように、景勝の申し出に対する返答は、兵力の不足していた勝頼にとって藁にもすがる思いだったのである。

これより先の二月十九日、景勝は新発田討伐のために出陣した。しかし越中口から急を知らせてきたので春日山に帰り、荒れた海が静まったら越中に渡航しようとした。

勝頼救援の大将は上条宜順だったが、出陣が遅れたようである。三月二日、長沼城（長野市）に在城した武田の家臣河野家昌らは、春日山の長井昌秀に、こちらの侍たちはことごとく逆心しているようなので、越後から早々に加勢を出して頂きたい旨の、勝頼からの指示を伝えて救援を求めた。

三月五日、上杉からの援軍が牟礼《むれ》（長野県上水内郡飯綱町）まで着いた。翌日景勝は福王寺と梅僊軒《ばいせんけん》あてに、将を十人派遣したから相談して対処するように、長井昌秀もそちらへ行かせたので直接聞いて欲しい、勝頼のことを案じている、といった内容の書状を出した。景勝は三月九日、岩井信能の働きによって海津城以北の諸士を味方にしたことを賞した書状を出すなど、混乱の中で北信濃に勢力を扶植していった。

結局、織田軍の前に武田氏はあっけなく滅亡し、武田氏の領国のほとんどは信長軍が占領した。一時景勝の影響力が及びかけた信濃の川中島四郡は森長可《ながよし》が新領主となり、海津城に入った。上野の新領主となった滝川一益も越後をうかがった。越中からの攻撃も勢いが増してきた。越後に対する国外からの圧力は、一気に高まったのである。

国内の新発田の乱もまだ続いていた。こうした中で、新発田重家に対処するため、重家の同族で新潟を守っていた新発田駿河守に、重家を退治したら加治氏の領していた跡と沼垂《ぬったり》・蒲原の両港、それに新発田の名跡を与えると約束し、恩賞をてこに味方に勧誘した。一方で木場城を守る蓼沼友重には、守備を厳重にするようにと命じた。

10　天下統一の波を越えて――秀吉と結んだ景勝――

天正十年(一五八二)六月二日、織田信長が本能寺の変で明智光秀に討たれると、信長軍が占領地から撤退し、景勝の環境は一変した。

景勝は新発田重家討伐のため、六月九日に蓼沼友重へ新発田氏の家臣に手をまわすように指示したが、信長軍のいなくなった越中・能登・信濃へ侵攻を始め、兵力をそちらに向けたため、出兵が遅れた。同年八月九日に新発田に出陣したものの攻めきれず、九月晦日に引き上げた。この年の冬、景勝は秀吉との提携を受け入れた。

天正十一年正月、景勝の秀吉に対する誓書が届けられ、二月七日には秀吉も誓書を書いた。そのころ富山城を居城とする佐々成政は、上杉方の拠点である魚津（魚津市）・小出（富山市）両城を攻略し、越後にも侵入した。三月に信長の後継をめぐって秀吉と柴田勝家が戦うと、秀吉は勝家の背後を突いてもらうため、景勝に越中出馬を要請し、能登・越中を勝手次第に取ってよいとした。しかし、景勝は越後下郡・信濃・上野への対応に追われ、越中出兵ができなかった。四月二十四日に越前北ノ庄（福井市）が落城し勝家が自刃すると、越中の佐々成政も降伏した。秀吉は成政を越後の折衝役に起用し、越後が思う通りにならなかったら出兵すると伝えた。成政は新発田重家に秀吉と連絡を取るように勧め、両人を

豊臣秀吉像（神戸市立博物館蔵）

結びつけた。

天正十三年、秀吉は反旗を翻した成政へ圧力を加え、景勝もこれに応じて越中に出陣した。八月二十九日に成政は降伏し、越中が前田利家に与えられた。ここに、為景以来の長尾氏・上杉氏による越中支配は終止符が打たれた。

秀吉は天正十三年ころから景勝に上洛を促していた。景勝は越中の佐々、会津の蘆名と結んだ新発田重家との争いを続けていたので、戦いを有利にするため秀吉と関係を持った方がよいと判断し、上洛を決心した。五月二十日に春日山城を出発すると、六月六日に京都へ入り、六月十二日に聚楽第《じゅらくだい》で秀吉と謁見し、二十二日には参内した。

景勝は天正十四年八月、十五年四月と新発田に向かったが、敵城を攻略できなかった。天正十五年八月、景勝は再度大軍を率いて新発田城攻撃に出陣し、九月七日に加治城(新発田市)、十四日に小田切盛昭の赤谷城(同)、十月二十三日には五十公野《いじみの》道如斎《どうにょさい》(信宗)の五十公野城(同)を攻略し、新発田城に迫った。上杉軍は二十四日から攻撃に取りかかって、二十八日に至ってようやく重家を討伐した。

景勝は天正十六年四月二十日に再び上洛し、五月八日、豊臣秀吉に謁見し、新発田重家の討伐を報告した。その後の五月二十六日、参内して後陽成天皇から天盃を得た。

天正十七年六月十二日、景勝は自ら千余艘の船で兵を率い、佐渡の沢根《さわね》(佐渡市)に上陸し、河原田城（同）を攻めた。これにより北佐渡の盟主本間高統《ほんまたかつな》は城に放火し、自害したという。上杉軍は六月十六日に羽茂城《はもち》（佐渡市）を攻め、一日で落城させた。南佐渡の城主本間高茂は弟の赤泊城（佐渡市）の本間高頼とともに捕らえられ、国府川原で斬殺されたと伝えられる。こうして天正十七年に景勝は佐渡を領国に加えた。

景勝は天正十八年の秀吉による小田原攻撃で、上野松井田城（群馬県安中市）、武蔵鉢形城（埼玉県大里郡寄居町）、八王子城（東京都八王子市）を攻め、戦功をあげた。

秀吉による朝鮮侵略に当たって景勝は文禄元年（一五九二）二月一日、兵五千を率いて出兵し、四月二十一日に肥前名護屋城（佐賀県唐津市）に到着した。六月二日には秀吉の名代として肥前を出帆、十七日に釜山に上陸して、熊川城（韓国慶尚南道鎮海市）で諸軍を指揮した。彼が名護屋城に帰ったのは翌年の九月だった。景勝はこうした奉公を通して、秀吉政権の中で大きな力を持つようになったのである。

11　信濃と景勝 ――北条氏直・徳川家康と領有を争う――

もう一度時代を前に戻そう。天正十年（一五八二）六月二日、本能寺の変により織田信長が自刃すると、信長の家臣たちが信濃から去ったため、信濃を領有しようと領国の接する上杉景勝、北条氏直（北条氏政の次男、天正八年に家督を継ぐ）、徳川家康が競合することになった。

武田氏滅亡後、海津城（長野市松代）には森長可が入って川中島四郡を支配していたが、最終的に北信濃を押さえたのは景勝だった。

六月十三日以降、景勝は配下の信濃出身者に本領を安堵し、新恩地を宛がった。本来領国でない信濃を景勝が支配する根拠は、川中島合戦以来、信濃諸士を保護して本領を安堵してやることにあったから、上杉氏のもとに逃げてきていた人々を積極的に利用し、支配域を拡大させたのである。景勝は六月二十二日に関山（妙高市）に出陣し、二十七日には信濃の長沼城（長野市）に入って、川中島地方の支配を固めた。

同時に景勝は、武田信玄によって国を追われた小笠原長時の弟で、当時景勝のもとに身を寄せていた小笠原貞種《さだたね》（洞雪）を松本平に送り込み、深志《ふかし》城（松本城、松本市）に入っていた木曾義昌を追い出し、安曇郡から筑摩郡まで勢力を伸ばした。

氏直は六月十九日に上野で滝川一益を破った勢いに乗って信濃に入り、小諸城の依田信蕃《のぶしげ》を追い、信濃侵攻の拠点を確保した。七月十二日には海野《うんの》（東御市）に入り、家康の先鋒隊と対立していた諏訪頼忠の要請により、八月二日に諏訪郡に出兵した。

家康は七月九日に甲府に着陣し、酒井忠次を信濃の管轄者として伊那から諏訪に送り込んだ。また家康が支援した小笠原長時の三男の貞慶は小笠原貞種を越後に追い払い、深志城を占領した。なお、長時の長男長隆は既に戦没しており、貞慶が家督を継ぐべき人物であった。家康は木曽義昌を味方にすることにも成功した。

景勝は海津城の春日信達（昌元、虎綱の次男であるが長兄の昌澄が長篠の戦いで戦死したため家督を継いだ）が北条氏直と結ぼうとしたので、七月十三日に捕らえ、殺した。八月にその後の城主として、信濃からやってきていた村上義清の子供の景国を任命し、更級郡に知行を与えた。

十月二十九日に秀吉と北条・徳川の間で講和が成立し、甲斐と信濃は家康の支配下に置かれることになり、それまで信濃の南部を押さえていたにすぎなかった家康が、十二月に佐久郡まで侵入した。

天正十一年（十二年説もある）二月、景勝は海津城の副将屋代秀正が謀反を起こしたとして、城主を村上景国から上条宜順（政繁）に替えた。交替の理由を、景国にも裏切りがあり、改易されたと理解した者もあったが、ともかくこれにより村上氏が北信濃の領主に復帰する道は絶たれた。なお、宜順は越中松倉城（富山県魚津市）にいたために、すぐに信濃に向かうことができなかった。

この間に、家康の誘いによって屋代秀正、真田昌幸、諏訪頼忠、小笠原貞慶などが、徳川の傘下に入ったため、景勝の信濃における影響力は弱まった。景勝は配下にある北信の武士の引き締めをはかるとともに、海津城に安田能元と岩井昌能を向かわせ、自身も出馬した。

天正十三年六月になると、景勝は宜順に替えて、武田氏に追われて上杉氏のもとに身を寄せていた本来須田郷（須坂市）を根拠にする須田満親《すだみつちか》を海津城に送り込み、信濃方面の指揮を執らせた。旧来の縁故によって、信州人を結束させようとしたのである。

なおこの時期、真田昌幸と屋代秀正が対立し、昌幸が応援を求めてきたので、景勝は誓詞を交わして同盟を結んだ。昌幸はこのために子供の信繁（一般には幸村の名で知られる）を人質として景勝のもとに送った。

12 会津から米沢へ ――時代を泳ぎ渡った景勝――

慶長三年（一五九八）正月十日、景勝は豊臣秀吉によって会津百二十万石への移封を命じられた。封地の内訳は会津九十二万石、佐渡十四万石、出羽庄内十四万石だった。これ以前の領地は越後四十五万石、信州川中島四郡十八万石、佐渡十四万石、出羽庄内十四万石の計九十一万石だったから、名目的には三十万石も知行高が増えたことになり、恩賞として喜ぶべきことである。しかしながら、上杉家は故国の越後や関係の深かった信濃を離れることになり、領国との特別な結びつきが切られて、鉢植え大名にならざるを得なくなった。秀吉はこうして地域と大名の関係を断ち切っていったのである。

景勝は三月六日、伏見城（京都市伏見区）を出発して、越後をまわって二十四日に会津黒川城（若松城、福島県会津若松市）に入った。会津に着くと早速領内に諸将を配置して、統治体制を固めた。

豊臣秀吉が慶長三年八月十八日に六十三歳で亡くなったとの知らせを受けた景勝は喪に服し、九月十七日に若松城を出発して上洛の途についた。十月七日に景勝は伏見城に入り、徳川家康などとともに五大老の一人として、朝鮮出兵の後始末に奔走した。景勝が豊臣政権の中でいかに重視されたかは、五大老の役割を負ったことでわかる。上杉景勝は全国的に見ても指折りの所領を持つ、豊臣家にとって頼れる大名だったのである。

慶長四年八月、景勝は会津に帰り、居城をはじめ領国内の諸城を普請し、道路・橋梁を整備して、軍備も充実させた。ところが、春日山城主の堀秀治や角館城《かくのだて》（秋田県仙北市）の戸沢政盛などが、景勝は謀反の企てをしていると徳川家康へ密告した。家康は使者を会津へ派遣するとともに、景勝の家老である直江兼続《なおえかねつぐ》と親しい相国寺の塔頭豊光寺の僧西笑承兌《さいしょうしょうたい》を通じて、景勝に上洛を促した。しかし、景勝がこれに応じなかったので、家康は豊臣政権に対する謀反だとして、会津征伐の軍を動かすことを決め、六月十八日に伏見城を出発して江戸城に入り、会津に向かった。

周知のように、この動きは石田三成に挙兵させるためのものだった。まんまと誘いに乗った三成が挙兵したことを、家康は下野小山（栃木県小山市）で知った。結城秀康を会津への押さえとしてこの地に残し、全軍を西上させた。そして、九月十五日に関ヶ原において三成を中心とする西軍を破って、天下を手中に収めたのである。

景勝は十月一日に至って関ヶ原で西軍が負けたとの情報を得、戦争しても勝つことは不可能だと判断し、直江兼続に軍を撤退させた。会津若松では戦うべきか講和すべきか論議が繰り返されたが、結局、慶長六年に結城秀康を頼って上洛した。景勝は八月八日に家康に謁見して謝罪し、十七日に米沢三十万石（伊達・信夫・置賜の三郡）に所領を減らされて、十一月二十八日に米沢城に入った。上杉家は一気に旧来の持ち高の四分の一に減封させられたのである。

その後、景勝は慶長十九年（一六一四）の大坂冬の陣、翌元和元年（一六一五）の大坂夏の陣で徳川方の先鋒《せんぽう》の役割を負い、戦功をあげて家康・秀忠の信任を得た。

景勝は元和九年三月二十日、米沢城において六十九歳で亡くなった。上杉家というと謙信のことばかりが想起されるが、米沢藩の出発点は景勝であり、彼は困難な時代を実に見事に泳ぎ切った大名の一人だった。様々な逆境に置かれながらも、それを何とか乗り切って家をつなげていった景勝は、もう少し高い評価を受けてもいいように思う。

その跡は子供の定勝が継いだ。以後、上杉家は米沢藩主として他に転封することなく、近代を迎えるのである。

三　信濃真田氏——生き延びるための知恵——

1　信濃を逃げ出した幸隆　——真田家と上野——

信濃の真田家といえば名家として知られるが、古い時代のことはほとんどわからない。応永七年（一四〇〇）に起きた信濃を二分して戦われた大塔《おおとう》合戦の参加者の中に、根津（祢津）遠光の一党として「実田」が出てくる。これをサナダと読むとするなら、真田氏の初見になる。

真田家の活動が具体的にわかるようになるのは一徳斎幸隆《いっとくさいゆきたか》（幸綱）からである。系図も幸隆以前は様々だが、多くは幸隆の父を海野棟綱《むねつな》とし、幸隆が真田に住むようになってから真田を称したとしている。海野氏は祢津氏や望月氏とともに滋野氏から分かれたとされ、姓の由来になった海野（小県郡東部町）や祢津（同）は、『延喜式』に信濃十六牧《まき》（馬の牧場）の一つとして出る新治《にいばり》牧、『吾妻鏡』に左馬寮領の二十八牧の一つとして見える新張《みはり》牧に関係する。望月（佐久市）も『延喜式』に望月の牧が出てくるので、三氏は小県・

佐久の牧を基盤にして成長した武士であろう。武士道は弓馬の道であるから、弓を射ることや乗馬に巧みでなくてはならない。牧を基盤にしていたとすれば三氏は乗馬に優れていたはずである。また、祢津氏は中世以来祢津流の放鷹で有名だったが、山国を根拠にしていただけに狩猟の技術も身につけ、弓の技にも優れていたことであろう。

真田氏は海野氏、もしくは祢津氏の一族として、遅くとも十四世紀末までには真田に本拠を置いたようである。真田町には現在国道一四四号線が通っていて、鳥居峠を越えると群馬県吾妻郡嬬恋村になる。この信濃と上野を結ぶ重要な道筋と、谷の南部に広がる集落や耕地を押さえるために、山に挟まれてすぼまったようになっている地域の南側に、真田家は館を構えたのであろう。

真田幸隆(幸綱)**像**
(長野市長国寺蔵・真田宝物館提供)

『高白斎記』には、天文十八年（一五四九）三月十四日「七百貫文の御朱印望月源三郎方へ下され候、真田（幸隆）渡す、依田新左衛門請取《うけとる》」と、信玄が七百貫文の所領を信濃の望月源三郎に与えた際、真田幸隆が渡す役を果たし、依田新左衛門が受け取ったと記されている。この時までに幸隆は信玄に服属し、信濃の土豪と信玄との間に立つようになっていたのである。

真田家の家伝である『滋野世記《しげのせいき》』などによると、幸隆はこれより先に信濃を去って、上野国箕輪城《みのわじょう》（群馬郡高崎市）の長野業政《ながのなりまさ》のもとにいた。彼が信濃を去った理由としては、天文十年（一五四一）五月に武田信虎が中心となって、諏訪頼重・村上義清らとともに海野棟綱を攻めたことが考えられる。彼らが攻めた結果、系図に幸隆の父あるいは祖父と出てくる棟綱は、上州へ敗走したので、幸隆もこの時同行したのだろう。真田氏が上野へ逃げることができたのは、根拠とした真田の地理的な特徴もあって、以前から信濃と上野の双方に関係を持っていたことを示している。

幸隆が信玄に臣従した時期については、吉澤鶏山《けいざん》（好謙）が延享元年（一七四四）に著した『信陽雑志』の天文十三年、元禄期（一六八八～一七〇四）に著わされたという『沼田記』の天文十四年、一七九〇年代に成立した『滋野世記』の天文十五年の諸説があるが、信玄の活動の状況からすると天文十四、五年頃ではなかっただろうか。信玄が家督を継ぐのが天文十年だから、武田家の当主が替わったのを機会にして、両家の間に新たな関係が結ばれたものと推察する。

幸隆は少なくとも数年間、信濃の地を去っていたようである。また、小県郡の豪族の中心は海野氏であるから、仮に信濃に留まっていたとしても、真田家は小さな領主にすぎなかった。信玄と結びつく以前の真田家は、近世以降の動きからイメージされるほど、大きな力を持っていたはずがないのである。

2　信玄の軍旗の下で――武田家の武将としての地位確立――

信玄や家臣は信虎が海野を攻めた直後の天文十年（一五四一）六月、信虎を駿河に追放した。信玄は翌年諏訪を手に入れ、天文十五、十六年と信濃佐久方面に攻め入り、天文十七年二月十四日に村上義清と上田原（上田市）で戦い大敗した。その翌年に真田幸隆が信玄の臣下として史料上に姿を見せる。おそらく信玄は、義清に対抗するため、地理を熟知しており、同族を通して地域に影響を与えうる幸隆に目をつけ、東信地方を攻略する時に利用しようと意図したのであろう。

信玄は天文十七年七月十九日に塩尻峠の合戦で信濃守護の小笠原長時軍を破り、上田原敗戦の痛手から立ち直り、再び信濃侵略を推し進めた。その後、天文十九年七月、当時の信濃の中心であった信府（松本市）を手に入れると、小県郡に出陣し、村上義清の属城であった戸石城（砥石城、上田市）を攻めようとした。この少し前の、七月二日に信玄

塩尻峠合戦の首塚（著者撮影）

は幸隆へ、もし自分の思う通りになったら諏訪形（上田市）三百貫など、全部で千貫の地を与えると約束した（一六八頁 写真参照）。幸隆を利用して小県方面をねらおうとして、信玄はこのような条件を出したのである。

信玄は八月十九日に長窪（小県郡長和町）に着陣して、二十九日に戸石城近くに陣を進め、翌日から一ヶ月にわたって戸石城を攻撃したが、成功しなかった。この間、幸隆は川中島方面に出かけて、村上方の武将を武田方に誘い込む工作をしていたようで、九月一日には埴科郡の清野氏が信玄のもとに出仕してきた。十九日には高井郡の須田新左衛門も忠誠を誓ってきた。二十三日、高梨政頼と村上義清が和睦し、武田方の寺尾城（長野市松代町）を昨日攻めたとの連絡が信玄にもたらされたので、幸隆を救援のために派遣した。二十八日に信玄の陣所へ雨宮氏と坂木氏が出仕してきた。二十九日になると幸隆も帰陣した。

真田幸隆が奪い取った戸石城跡（上田市提供）

九月晦日、このままでは戸石城を落とすことが不可能だと判断して、信玄と家臣は馬を収める相談をした。十月一日、武田軍は退却を開始したが、村上勢に猛攻を加えられ、重臣の横田高松《たかとし》など千人もが討ち取られる事態になった。信玄にとっては上田原合戦に続く二度目の敗戦であった。

勝利に勢いづいた村上軍は、十月に旧領を回復しようとする小笠原長時を助けて平瀬城（松本市）へ進出するなど、勢力を拡大した。

ところが『高白斎記』に、天文二十年五月二十六日「砥石ノ城真田乗取《のっとる》」とあるように、戸石城を真田幸隆が奪い取った。彼は前年の大勝で油断していた城兵の不意を襲って、落城させたのであろう。歴史に現れた幸隆の最初の華々しい勝利である。これによって幸隆は天文十九年の約束に従い信玄から土地を与えられ、信濃を離れてから十年ぶりに本拠であった真田も奪還して、武田家の武将としての地位を確立した。

天文二十二年四月に村上義清を信濃から追い出した信玄は、七月二十五日に飯富虎昌と上原昌辰《まさとき》（後の小山田昌辰）のもとへ幸隆を使者として送り、村上勢最後の拠点である塩田城（上田市）の攻撃を知らせた。幸隆が信玄に信用され、大事な軍事指令などの使者になっていたことが知られる。その後、塩田城が陥落し、八月に信玄は小県郡を手に入れた。幸隆はこの作戦で大きな働きをしたので、八月十三日に三男の昌幸の甲府在城を条件に、秋和《あきわ》（上田市）で三百五十貫の地を信玄から宛がわれた。同じころに四男の信昌も甲府へ行ったが、信玄から昌幸には武藤、信昌には加津野の姓が与えられ、以後両人ともに信玄家臣団の中でも中軸をなした。

3　国を越えて領地を持つ　――戦功と信綱の死――

その後、信玄は川中島で越後の上杉謙信と戦い、真田氏も参陣した。これについては第二章で改めて触れる。幸隆は弘治二年（一五五六）八月に、信玄から尼厳城《あまかざり》（尼飾城、

第一章　三　信濃真田氏 ―生き延びるための知恵―

雨飾城、東条城、長野市松代)を攻めるように指示を受け、落城させると、永禄元年(一五五八)に小山田昌行(昌成、虎満の子)とともに在番を命じられた。また、一連の川中島合戦で一番有名な永禄四年九月の戦いにも、天文六年(一五三七)に生まれた嫡子信綱とともに参陣した。

幸隆は信玄によって上野に送り込まれ、永禄六年十月には岩櫃城(吾妻郡東吾妻町)を陥落させた。沼田藩の祐筆だった加沢平次左衛門によって江戸時代の初期に書かれた『加沢記』によれば、幸隆はこの時に吾妻郡の守護に任じられ、地侍たちを支配下に置いたという。翌年三月十三日に信玄が清野刑部左衛門尉へ、謙信が沼田(沼田市)へ出張するとの風聞があるので長野原(吾妻郡長野原町)へ着陣し、幸隆の指示に従って岩櫃へ移るよう命じているので、幸隆が武田氏の上州経営の中心者としての役割を負っていたことがわかる。真田氏にとって上州は特別関係の深い地であったが、それを強めた契機も幸隆の上州逃亡にあったといえよう。

続いて幸隆は嵩山城(吾妻郡中之条町)攻略に取りかかったが、武力で落とすことができず、彼の得意とする内部切り崩しによって守将の池田佐渡守を内応させた。信玄は上野の池田佐渡守へ永禄八年(一五六五)十一月十日、「この度真田(幸隆)を以て当家へ忠信あるべきの旨」という理由で、本領百五十貫を安堵した。信玄は日向是吉にも上州へ出陣して、幸隆と相談して謙信に備えるように命じた。この頃、幸隆は上野で武田の勢力を拡大するため、土豪たちを味方にしようとしていたのである。

永禄十二年、碓氷峠《うすいとうげ》（群馬県安中市と長野県軽井沢町の境にある峠）を越えて北条氏の本拠地である小田原に放火した上で甲府に帰ろうとした武田軍は、相州三増峠で北条氏政の軍に追撃された。険しい山道での戦いで武田軍は苦戦を強いられたが、幸隆三男の昌幸の奮戦によって、難を逃れた。翌年十二月六日、信玄は駿河の蒲原城（静岡市）を陥落させたことを幸隆と信綱に報じているので、両人がいかに信玄に重視されるようになっていたかわかる。

幸隆は元亀二年（一五七一）九月ころ、白井城（群馬県渋川市）をも落とした。その後も攻防が続いたようで、信玄は翌年三月六日、幸隆などへ計略によって白井城を攻略したお祝いを述べ、箕輪城に在番させ、春日虎綱（高坂昌信）に協力させた。

元亀三年七月、真田信綱は松鴎軒《しょうようけん》（祢津信直）・海野衆などとともに、分国を追放した百姓が徘徊《はいかい》（うろつく）していたら捕らえるようにと、信玄から命令を受けた。こうした状況から、上野吾妻郡を幸隆、本拠の小県郡を長男の信綱が、それぞれ統治していたことが知られる。

天正元年（一五七三）三月、謙信が白井城を奪還し、幸隆たちの守っていた吾妻郡に再三迫った。この月に信玄は信州駒場（下伊那郡阿智村）で病没したが、天正二年五月十九日、幸隆も六十二歳で死去し、信綱が跡を継いだ。

信綱は父が亡くなる前の天正元年一月二十二日、河原又次郎に自分の名前の一字である「綱」の字を与え、綱家と名乗ることを許可した。これが真田氏が独自に出した現存する最古の文書である。真田家の当主となった信綱は、天正二年閏十一月十一日に蓮華童子院（上田市）に四阿山《あずまやさん》別当職を安堵するなど、次第に小県郡の支配を強めていった。

このように真田氏は幸隆の武略によって、信玄配下の武将としての地位を築き、信濃小県郡と上野吾妻郡とに、国を越えて所領を持つようになり、独自の支配を開始した。地域支配の動きが強く出てくるのは信綱の代になってからだったが、残念なことに彼は天正三年五月二十一日、長篠合戦で戦死した。家督を継いでわずか一年、享年三十九歳だった。なお長篠合戦では、弟の昌輝も戦死している。

4　昌幸の時代に　——独自な西上野支配——

信綱が長篠で戦死するとその跡を継いだのが、幸隆の三男として天文十六年（一五四七）

に生まれた昌幸（幼名源五郎、通称喜兵衛、安房守）だった。彼は天文二十二年以来、いわば人質として甲府に住まわされ、信玄母方の武藤の姓を与えられ、才能を買われて信玄の側近として重用されていた。たとえば、元亀三年（一五七二）、信玄が龍雲寺（佐久市）僧堂の葺き茅を岩村田御家人衆に集めさせた時には、曽祢右近助とともに奉行人になっている。ところが、真田の家を継がねばならなくなったので、再び真田の姓に戻って、甲府を離れることになったのである。

昌幸は天正三年（一五七五）十月十七日、河原隆正《かわはらたかまさ》に真田町屋敷年貢を安堵し、十一月十七日には頼甚《らいじん》へ四阿山《あずまやさん》別当職を安堵して、小県郡での領域統治を開始した。また翌年三月二十三日には上野榛名山《はるなさん》へ禁制を掲げ、西上野でも領主としての動きを始めている。以後、昌幸が領域支配のために出した文書は、兄や父の代と比較にならないくらい多くなり、支配が精密になっていった。彼は信玄や勝頼の側近として武田家の支配を担ってきただけに、武田氏が実践していた支配の方策を自分の領地でも採用したのだろう。

天正六年三月、上杉謙信が亡くなると上杉家で御館の乱が起きたが、勝頼が家督を握った景勝と同盟を結んだので、武田方は上杉氏に対する警戒を緩めることができた。一方、景勝と争った景虎の兄の北条氏政は、乱に乗じて上杉氏配下の西上野に進出し、沼田城（沼田市）を乗っ取った。この城は勝頼も以前からねらっていて、攻略を昌幸に任せていた。昌幸は矢沢頼綱に正面から攻撃させるとともに、名胡桃《なぐるみ》城（利根郡みなかみ町）の鈴木主水《もんど》と小川城（同）の小川可遊斎《かゆうさい》を味方に引き入れた。

昌幸は天正八年二月四日、ある僧侶に戦で勝つことができたら所領を宛がうと密約し、五月六日には森下又左衛門にも猿ヶ京（みなかみ町）を攻略できたら、須川村（同）の地を与えると約束した。間もなく沼田城が陥落したので、昌幸は十九日に可遊斎へ沼田在城を命じ、知行を与えた。さらに二十三日には勝頼の命令だとして、海野幸光（吾妻川左岸に勢力を持つ羽尾幸世の次男）らを沼田城に在城させ、軍事指令書を出した。昌幸は勝頼の命令を楯にしながら、かなり独自な沼田支配を開始したのである。

真田昌幸像（上田市立博物館蔵）

勝頼は天正八年九月、上野の金井外記《げき》に所領を与え、十二月九日に小川可遊斎へ彼の領内の諸役と上方出陣を免除すると約束したが、ともに命令を伝えたのは昌幸だった。十二月九日に藤田信吉へ勝頼から所領が渡された時にも、彼が間に入っている。このように武田氏の沼田方面での宛がいには、必ず昌幸が勝頼の意を奉じるようになった。こうして勝頼の権威を背景にしながら、昌幸による西上野支配は進展していった。

天正九年に勝頼が新府城（山梨県韮崎市）を築くにあたって、昌幸も普請奉行の一人となって甲斐に行った。しかし、沼田の旧領主である沼田景義が沼田奪還のために進撃してきたとの連絡が入ったため、急いで岩櫃に戻って対応した。昌幸はその後も甲斐と上野との間を往復していたが、六月七日に勝頼から沼田へ帰って吾妻の用心や城の普請などを念入りにするよう命じられた。なお、上野は甲斐から離れているので、昌幸には非常時に独自な判断で行動ができるようにと、勝頼から大きな裁量権が与えられていた。

昌幸は十一月、上野で海野幸光・幸輝の兄弟が逆心しそうだとの連絡を受けたため、弟の加津野信昌を総大将にして、彼らを討たせた。こうして昌幸は西上野における反対勢力を一掃し、さらに強い支配をすることができるようになった。

5　武田家滅亡の時をとらえて　――転身する昌幸――

真田昌幸は天正九年（一五八一）正月二十二日、武田勝頼が甲斐に新たな館（新府城）を築くことを家臣に伝え、普請の人足についても知らせており、新府城の築城に当たって、中心的役割を負っていたようである。同年二月十二日、勝頼が金子泰清に知行を与えた時、昌幸は使者となった。また、二月二十日に勝頼が真下但馬の諸役を免除し、翌日、小川可遊斎に宛がいをするに際して、昌幸が奉行人の役割を負った。昌幸は勝頼にとって、もっとも信頼のできる配下の一人だったのである。

一方で、昌幸は独立した領主であったから、領地における支配も推し進めた。天正九年三月七日には海野幸光と吾妻諸士中の上野での軍功を賞し、「この上はなおそこ元の諸士等に合力《ごうりき》相頼み申し候」と、これからも万端心を合わせて協力して欲しいと求めている。上野の支配に昌幸は特に気をつかっていたのだろう。

この頃、勝頼も織田信長などの動きに注意しながら、軍備に心を配らねばならなくなっていた。六月七日、勝頼は昌幸に条目を送り、帰城の上で吾妻の用心普請をしっかりするようになどと、上州における軍備を命じた。同日、勝頼は藤田信吉に昌幸が上州へ帰城したことを知らせている。六月二十一日、勝頼が信濃の武士である西条治部少輔へ昌幸の指示に従うように命じているので、武田氏配下の上州の武士たちは、勝頼の命によって昌幸に従わねばならなくなった。見方を換えるなら、昌幸は上州の武士たちの支配権を握ったまま甲斐を離れていたので、武田氏滅亡の修羅場に同席しなくてもよくなっていたのである。

甲州から遠く離れたところに所領を持ち、勝頼によって上州の軍事指揮権を与えられた昌幸は、上州の領主として力を強めていった。七月十日、昌幸は須田新左衛門などの戦功を賞し、武州・上州が思う通りになったら所領を与えると約束している。八月五日、昌幸は勝頼の使者となって小川可遊斎へ、催促に応じて勝頼が出馬をすると伝えた。天正十年正月二十八日、勝頼が上野善導寺（群馬県吾妻郡東吾妻町）に寺領を寄進した時も、昌幸が奉行人になっている。このように、武田氏滅亡直前、武田氏が領域とした上州の支配は、実質的に昌幸が担っていたのである。

天正十年二月十一日、勝頼父子が自刃して、武田家は滅亡した。これより以前に昌幸は武田家滅亡が必至と見て、北条氏に二度にわたって臣従したい旨を申し入れていたようで、勝頼が亡くなった翌日、武蔵鉢形城（埼玉県寄居町）の城主北条氏邦《うじくに》から、今後北条に忠誠を尽くすようにとの書状が出ている。

二月二十日、武田家を滅ぼした織田信長は旧武田領を分割し、宛がいを決めたが、昌幸が支配してきた上野一国と信濃佐久郡・小県郡は滝川一益に与えられた。状況を見てとった昌幸は四月六日、信長に良馬一疋を贈り、よしみを通じた。その結果、昌幸は本領の小県郡を安堵され、一益の配下に位置づけられた。

六月二日、本能寺の変で信長は横死した。これにより信長家臣による旧武田領の支配は瓦解し、信濃・上野・甲斐が北条・上杉・徳川らの有力大名の草刈り場に転じた。やがて北条氏直が海野に兵を進めてきたので、昌幸は北条家に出仕した。

徳川家康が九月二十八日に昌幸の弟の加津野信昌にあてた書状によれば、これより先に昌幸は、信昌と佐久の依田信蕃の仲介によって、家康に臣従することを使者をもって伝えたようである。昌幸はよりいっそうの飛躍を夢見て、北条家との縁を切って家康と手を結ぼうとしたのであろう。喜んだ家康は、九月二十八日に昌幸へ上野の長野一跡（箕輪）・甲斐で二百貫文、信濃の諏訪郡を与え、小県郡の当知行を安堵すると約束した。

6　昌幸による小県統一 ――上田城築城と大名への飛躍――

天正十年（一五八二）六月の織田信長没後、信濃を領有するために上杉景勝、北条氏直、徳川家康の三人は、信濃の武士を味方につけようと安堵状や宛行状《あてがい》を濫発した。小笠原貞慶や木曾義昌といった旧領主の系譜を引く者たちも、勢力を回復するため同じことをした。昌幸も六月十二日に恩田伊賀守に小県郡上条で三十貫文、上野沼田発向地におい て十五貫文を宛がったのを皮切りに、天正十年だけで二十人を超す者たちへ宛行状を出している。対象地となっているのは、大部分が上野の吾妻郡から沼田方面で、北条氏と対峙しながら勢力確保に必死だった状況が読みとれる。

当時の昌幸は本領の小県郡支配すら実質を伴っていなかった。転機になったのは、十月十九日の祢津（長野県東御市）攻めだった。祢津昌綱は信長の死後家康に属していたが、昌幸が家康に属した直後に北条方に寝返り、十月三日に北条氏政（氏政は氏直へ家督を譲った後も実権を握っていた）から甲斐の内手塚千貫文、清野一跡二千七百貫文を宛がわれていた。徳川対北条の最前線で、真田と祢津が戦ったが、昌幸は戦果を得られなかった。

その後、徳川家康と北条氏直との間で、上野沼田の地を甲州都留郡・信州佐久郡とで取り換えることによって、北条が上野一円を、徳川が甲斐と信濃を領有し、家康の娘を氏直に嫁がす、という内容の和議が成立した。

しかし、実際には両者の綱引きが続き、北条家の勢力が小県にも浸透してきたので、依田窪《よだくぼ》地方（丸子・長門・和田・武石《たけし》方面）や川西地方（室賀・小泉方面）の強力な土豪たちは、ほとんど北条についた。天正十一年正月、真田昌幸・加津野信昌などは、丸子（上田市）において、北条方と戦った。戦争の具体的状況は伝わらないが、二十九日に飯島市之丞へあてた感状などが残っているから、真田方の勝利だったようである。実際この後、丸子三左衛門は昌幸に仕えているし、三月に昌幸が伊勢豊受大神宮（伊勢神宮外宮）にこの

上田(尼ヶ淵)**城跡**(上田市提供)

地域を寄進し、十月十三日には長井権助に武石の内で十五貫文を宛がっている。

徳川方先鋒の役割を負っていた依田信蕃は、天正十一年二月二十二日に岩尾城（佐久市）を攻めて討ち死にした。翌日城が陥落し、家康は信蕃の嫡子康国《やすくに》に松平の姓を与えて、小諸城主とした。この間に昌幸は徳川方として働いていた。

九月（天正十二年七月ごろとも）に昌幸は、小県郡内で対立していた室賀氏を討った。室賀氏も武田氏に仕え、武田氏滅亡後も徳川氏に味方して真田氏と同じ歩みを遂げていたが、家柄や経歴などから、真田氏と対立するようになっており、昌幸が小県郡全体を押さえるため、何としても取り除きたい対象になっていたのである。

真田家の本拠地は真田郷だったが、ここは谷間であるため小県郡全体を支配するには不向きだったので、次第に本拠地を南下させ、天正十年には伊勢山（戸石城）に住んでいたようだが、翌年には上田（尼ヶ淵）城（上田市）の築城に取りかかった。築城は家康の信濃侵略の一翼を担うもので、彼の協力のもとになされた。当時、北信濃に勢力を持ち、海津城(長野市松代)まで進出していた上杉景勝は、敵方が大きな陣地を築くのを見過ごすことができなかった。そこで天正十一年四月十三日、長沼城(長野市長沼)の城代島津泰忠に、「海津より注進の如くんば、真田尼ヶ淵を取り立つるの由に候の条、追い払うべきの由、何れへも申し遣わし候」と命じた。しかしながら、真田氏を追い払うことは成功しなかった。

上田城は天正十二年の内には完成したと思われる。真田家も山城から平城へと城の場を変え、領域支配の中心地とさせたのである。そして城下町建設にも着手した。上田城の完成をもって、真田家は近世大名へのハードルの一つを越したといえるだろう。

7 上杉と徳川の狭間で ——地の利を活かした戦争——

天正十二年(一五八四)、豊臣秀吉と徳川家康は小牧・長久手の戦いを繰り広げた。この際、家康は背後を固めるために北条氏と談合したが、北条側は先の約束に従って信濃佐久郡を徳川氏へ、上野を北条氏へと領地交換することを求めた。家康は昌幸に沼田の返還を命じた。

しかしながら、昌幸にとって沼田は家康に従う前に自力で取った場所であったので、これを手放せば父の代から築いてきた上野の支配権を失うことになる。大久保忠教《ただたか》(彦左衛門)がまとめたことで知られる『三河物語』によれば、昌幸は「沼田の儀は、上よりも下されず、我等が手柄をもって取り奉る沼田なり。それゆえ今度御忠節と申すについて、そのお約束なられ候筋目の儀も御座候ところに、その儀さえもお手付けも御座なく候えば、お恨みに存じ奉り候ところに、あまつさえ我等が持ちたる沼田を渡せと仰せ越され候儀、なかなか思いもよらず」と主張して、譲渡を拒否した。

家康と断交せざるを得なくなった昌幸は、上杉景勝に属する以外に道がなくなった。当時、景勝は秀吉と結んでいたから、昌幸も反家康の側に立ったのである。天正十三年七月十五日、景勝は異心なき旨を誓った昌幸に起請文の形を取って知行を安堵したが、その中では上野の沼田と吾妻、信濃の小県郡の所領を保証し、さらに信州佐久郡、甲州で一郡、上野で長野一跡などを与えると約束している。

これまで景勝と敵対してきた昌幸は、服属のしるしに次男信繁を人質として差し出した。また、秀吉にも連絡を取り、家康と戦う場合は助力をして欲しいと申し出て、了解を得た。

昌幸の思わぬ反撃にあい、このままでは信濃における影響力が後退すると判断した家康は、天正十三年八月、大久保忠世・同忠教・鳥居元忠らの家臣をはじめ、傘下に入っていた小笠原・諏訪・保科・屋代・依田などの信濃の領主たちを合わせて、七千余騎の軍勢で昌幸を攻撃するために上田に迫った。一方、守る真田軍は「騎馬二百余騎に雑兵千五百余人、都合二千余」(『加沢記』)という劣勢であった。

昌幸は上田城に籠もり、景勝に援軍を要請したので、景勝が八月二十六日、井上源六郎・市川信房・夜交《よませ》左近助・西条治部少輔らの北信の諸士に参陣を命じた。

閏八月二日、大軍で一挙に上田城を攻めようとした徳川軍は、地の利を得た上、様々な術策を弄した真田軍のために神川《かんがわ》まで押し戻され、雨による神川の増水も手伝って大混乱に陥り、大敗を喫した。徳川軍は退陣の途中、真田に属した丸子城(上田市)を攻めたが、これも失敗して引き上げた。

徳川家康は真田攻撃を諦めたわけでなく、再度攻撃する機会をねらっていたが、十一月になると突然遠江に全軍を引き上げさせた。徳川家の重臣石川数正が、十一月十三日に松本の小笠原貞慶の人質を連れて岡崎城(愛知県岡崎市)を出奔し、秀吉のもとに走るという事件が起きたからであった。家康と秀吉の勢力バランスが崩れたため、家康には自分が秀吉から攻められるとの危機感が生じたのであろう。

こうして上田領の保持は何とかなったが、沼田の方は別だった。天正十三年九月、氏直が率いる北条の大軍が沼田城に迫った。北条勢が攻めて来るであろうことは、真田方も察していたが、上田から援軍を得ることができない状況であったから、上杉景勝の兵力を頼むしかなかった。沼田城代の矢沢頼綱をはじめとする諸将の必死の防戦と、上杉の支援によって、北条軍も攻撃を諦め、九月二十九日に小田原に帰陣した。

翌年五月、またしても北条軍が大軍で沼田に攻めかかった。けれども、真田勢はこの時も地の利を活かし、連日の大雨と洪水も味方にして、北条勢を退けた。

8　豊臣秀吉と小田原の陣 ――本領を安堵された昌幸――

天正十三年（一五八五）の末ごろ、昌幸は長男の信幸と次男の信繁を伴って豊臣秀吉の大坂城へ赴き、秀吉に臣下の礼を取った。これによって真田家の立場は安定した。

この頃、昌幸は家康の領地となっていた佐久郡へ侵入を始めた。天正十四年になると、昌幸は配下の武士たちに安堵や宛がいを行い、地域支配の梃子入れをした。天正十四年五月、家康が秀吉の妹（朝日姫）を妻として迎え、徳川と豊臣の関係が改善された。一方、上杉景勝も六月に大坂で秀吉と会見した。家康は七月、真田を攻撃しようと甲府まで出

小田原城天守閣（小田原市提供）

馬したが、秀吉から上杉景勝へ真田を援助しないようにと連絡があった。十月十三日、秀吉は母親（なか、後の大政所）を家康の人質に出し、二十七日ついに家康が大坂城で秀吉と会見した。十一月になると秀吉は景勝へ、昌幸を家康のもとへ召し出させるように命じ、翌年正月には景勝を通して真田の上洛を求めた。これに応じた昌幸は三月十八日、松本の小笠原貞慶とともに駿府の家康のもとに出仕した。

　こうして天下は秀吉が握ることになったが、小田原の北条氏は秀吉の再三の上洛命令に応じなかった。天正十六年八月、北条氏直の弟の氏規《うじのり》が秀吉に謁見し、明年に氏政父子が上洛するので、真田が渡さない上野沼田領問題を解決して頂きたいと申し出た。天正十七年七月、秀吉は昌幸へ、上野の所領の三分二、ならびに沼田城を北条へ渡し、その代地を徳川から受け取るように、上野の三分一と名胡桃《なぐるみ》城（群馬県みなかみ町）には真田家先祖の墓所があるので、昌幸が領有するよ

真田親子が攻略した箕輪城跡（高崎市提供）

うに、と命じた。

天正十七年十一月、北条方の沼田城将猪俣憲直が突然名胡桃城に侵攻し、占領した。この事件は、真田家の上野支配の責任者であった昌幸の嫡男信幸から家康と昌幸に連絡され、秀吉にも報告がなされた。命令が守られないことに激怒した秀吉は、二十四日に北条氏へ誅伐を通告した。

天正十八年正月八日、秀吉は昌幸に、自分は二月十日ごろ小田原へ出陣するが、そちらは援軍が木曾口に到着するのを待って行動するように、と連絡した。秀吉軍は約二十万だったといわれるが、北国口からは前田利家と上杉景勝がおのおの一万、真田昌幸・信幸父子が三千で出兵した。軍勢は信濃から碓氷峠を越えて上野に入り、松井田城（群馬県安中市）の攻略にかかった。敵方の必死の防戦にあったため、しばらく時間を要したが、四月二十日に城を落とすことができた。真田父子はついで箕輪城（群馬県高崎市箕郷《みさと》町）攻めに移り、四月二十四日に攻略した。

七月五日、豊臣勢はついに小田原城を陥落させた。関東に強大な勢力を持っていた北条家を滅ぼしたことにより、秀吉の天下統一は完成したといえる。

秀吉はただちに諸大名の配置替えを行った。秀吉にとって最大のライバルは徳川家康であったが、北条家の所領だった関八州をすべて徳川家康に与えることにより、家康を本領の三河などから移した。家康は所領を大きく増やしたものの、父祖伝来の地から離され、完全に秀吉の配下として位置づけられることになった。

徳川家康に属していた信濃の大名たちも、この時に転封させられたが、真田昌幸だけは小県郡の本領を支配することを認められた。秀吉は真田父子を直属の家臣として意識し、徳川を押さえる役割を負わせようとしたのであろう。秀吉は家康に昌幸の沼田領安堵を交渉し、天正十八年七月二十九日、家康も了承して昌幸に与えた。しかし、上野は徳川領であったから、昌幸の嫡子信幸が沼田に入って、家康の配下となる形を取った。

こうして、真田家は豊臣政権のもとで大名としての道を歩み始めたのである。

9 関ヶ原合戦と真田氏 ――親子が敵味方に――

慶長三年(一五九八)八月十八日、五大老・五奉行による合議制によって、政治を行い、嫡子秀頼をもり立てて欲しいと願っていた豊臣秀吉が亡くなった。秀吉が彼らに秀頼の保護を求めねばならなかったのは、豊臣政権の将来に不安を感じていたからだったが、実際、翌年閏三月に前田利家が死去すると、天下は徳川家康のもとへ向かって流れ出した。

家康の配下として位置づけられた真田昌幸父子は、慶長五年三月、家康の命令に従って伏見にいたが、家康が大坂へ移ると、行動をともにした。この途中で信幸は病気になったため、国元に帰って療養することになった。

家康は慶長五年六月十六日、五大老の一人で会津を領する上杉景勝が家康の再三の上洛命令に応じなかったので、会津征伐の動員令を発した。上田城に帰っていた昌幸は、次男の信繁とともに上田城を出発し、沼田に出た。七月二十日に両人が下野の犬伏《いぬぶし》(栃木県佐野市)に着陣した。当時の沼田城主の信幸は立場上徳川の直臣であった上、会津に対して案内役ともいうべき位置に所領を持っていたので、徳川秀忠軍に合流しようと出発し、これより前に宇都宮(栃木県宇都宮市)に向かっていた。

石田三成は家康が関東に向かったのを好機と判断して、秀頼を旗印にして兵をあげ

浮世絵に見る真田父子上田籠城図（歌川豊宣画・真田宝物館蔵）

た。七月二十一日、昌幸の宿所に七月十七日付の長束《なつか》正家・増田《ました》長盛ら五奉行衆からの連署状が届けられた。その内容は家康を討つために挙兵したので、秀吉のご恩を忘れないなら、秀頼様に忠節を尽くして欲しいというものであった。昌幸は犬伏の陣所に信幸を呼び、信繁を交えて対応を検討した。結局、昌幸・信繁父子は豊臣方へ、信幸は徳川方に属することになり、昌幸と信繁はただちに上田に帰った。

　親子が敵味方に分かれた理由ははっきりしないが、広くいわれているのは家存続の策略から出たとする説である。この時代には家をいかにしてつなげていくかが大事だったので、戦う東西いずれかが敗れても、双方についてさえいれば、どちらかが生き残って家名を伝えることができる、と考えた上での行動だというのである。他の説では、個人的な関係を重視する。昌幸は秀吉とのつながりでこの時期まで大名として生きながらえてきたので、この恩を前提に秀頼方に味方しようとしたのだとする。また、両者の姻戚関係を重視する説もある。昌幸の娘が秀吉に仕えた宇田頼忠の子頼次に嫁ぎ、頼忠の娘が石田三成に嫁いだので、昌幸は娘を間にして三成と深い関係にあり、信繁は三成の取り持ちにより大谷吉継の娘を妻にしていた。これに対して、信幸は沼田城主として徳川の直臣であった。彼は家康に目をかけられ、本多忠勝の娘を家康が養女として信幸に嫁がせていたから、家康と義理の父子の関係だった。こうした人的結びつきから両者の対応が分かれたとするものである。

豊臣方の挙兵を知った家康は西上を決めた。家康の命令で沼田に帰っていた信幸のもとに、八月二十四日に宇都宮を発って小県を攻めるから、合流するようにと指示した秀忠の書状が届けられた。九月二日、真田信幸らを率いた秀忠軍は小諸城に入った。九月三日、秀忠から昌幸の説得工作を命じられた本多忠政と信幸は、信濃国分寺（上田市）で昌幸と会見して、上田城の明け渡しを求めた。いったん降参するかに見えた昌幸の動きが偽りだったため、五日から秀忠軍は上田城を攻撃し始めた。秀忠軍三万八千に対し、真田軍二千五百は必死に防御し、城を守った。結局、秀忠は九月十一日に上田攻めを諦めて小諸を出発した。九月十五日に天下分け目の関ヶ原合戦がなされ、西軍が大敗北したが、秀忠は翌日木曾の山村良勝《よしかつ》の館に入るという行程となり、結局この合戦に間に合わなかった。このため真田の名声は天下にとどろいた。

関ヶ原合戦に際して秀忠軍と戦った昌幸・信繁は、信幸の必死の助命嘆願により、死罪を免れて紀州高野山へ配流された。信幸は父の跡を受けて上田の城主になった。

10 大坂の陣と真田氏 ――信繁の死と「真田は日本一《ひのもといち》の兵《つわもの》」――

慶長十六年（一六一一）六月四日、九度山（和歌山県九度山町）において昌幸が六十五歳で病没した。それから三年後の慶長十九年、方広寺（京都市）の鐘銘問題を契機にして大坂冬の陣が勃発した。ここに再び真田信繁が脚光を浴びることになる。

徳川方は十月のはじめから諸大名に大坂への出兵を命じた（大坂冬の陣）。上田城主の信之（父昌幸との決別を示すため信幸を改名）は病気だったので江戸詰となり、代わりに長子信吉と二男信政が将軍秀忠に随行して、大坂に向かった。

これに対して秀頼方も、秀吉恩顧の大名や浪人たちに味方をするよう呼びかけた。誘いの手は九度山の信繁のもとへも届けられたので、十月九日に九度山を出発して、大坂に向かった。

秀忠軍は十月二十三日に江戸を発って十一月十七日に大坂天王寺に到着し、家康も十五日に京を出発した。敵勢の状況を見て、豊臣方では真田信繁や後藤又兵衛といった新規に召し抱えられた者たちが、徳川勢の体制の整わないうちに出撃して戦うべきだと主張したが、秀頼側近の者たちに退けられて、大坂城に籠城して戦うことになった。信繁は城外に独立した砦を設けることを申し出て、本城の東南約二キロメートルのところに堀や柵で防御を固めた出丸（真田丸）を構築し、立て籠もった。

十二月四日早朝、加賀の前田利常（加賀藩第三代藩主）の先手が真田丸の堀ぎわに押し寄せたが、真田勢は弓や鉄砲を浴びせかけて防戦し、多数の者を討ち取り、これを退けた。けれども勝利は戦いの中の局部にすぎず、徳川方が優勢のまま、秀頼へ和議を働きかけた。十二月二十日に秀頼は、大坂城の外堀を埋める、大坂方の浪人は解雇しない、秀頼の知行は維持される、などといった内容で和議に応じた。同時に徳川方は本多正純が中心となって、信繁を味方に引き入れようと、様々な工作を働いたが、成功しなかった。

徳川方は和議による外堀だけでなく、内堀も埋め立ててしまった。真田丸も破却されて、

真田信繁（幸村）**像**
（上田市立博物館蔵）

大坂城は丸裸の本丸だけが残る状態であった。こうして攻撃の障害になるものをなくしておいて、徳川軍は慶長二十年四月、再度大坂城を攻撃した（大坂夏の陣）。五月六日、徳川軍は河内口（八尾）と大和口（奈良・京都）から進撃してきた。ちなみに、この折にも信之は参陣せず、子供である信吉・信政兄弟が従軍した。

豊臣方は籠城が無理だと判断し、大和口へ後藤又兵衛や真田信繁らが、河内口へ木村重成・長曽我部盛親らが出撃した。信繁が道明寺付近に到着したころには、すでに後藤又兵衛らが戦死し、豊臣方は混乱状態であった。それにもかかわらず、真田軍は伊達政宗軍を相手に奮戦し、大坂城からの退却命令に従って城に退いた。翌五月七日いよいよ決戦の時を迎えた。信繁は茶臼山に陣をしき、勇猛に戦ったが、軍が崩れたので、秀頼を最後まで守らせようと十三歳の長男大助を城内に行かせた。一説では、信繁は秀頼が直接出馬して指揮をしてくれることを望んだのに、それが叶わなかったので、信用を得るため大助を人質として本丸に帰したともいう。

死を覚悟した信繁は、松平忠直の率いる一万三千の大軍に向かい、家康本陣の先手と衝突した。家康の本陣は思ってもいなかった真田の攻撃に混乱に陥り、三度まで追い立てられて、馬じるしを隠し、歴々の者も皆逃げたと伝えられる。結局、真田勢は家康の首を取ることができずに、ほとんどが戦死し、信繁も負傷して天王寺区の安居《あご》神社境内で、最期を遂げた。子供の大助も五月八日に秀頼に殉じて自害した。

大坂の陣での活躍によって、「真田は日本一の兵」との評判が上がった。

11　松代への道 ――名門を維持した信之――

少し時間をさかのぼろう。信之は慶長五年（一六〇〇）の関ヶ原合戦の結果、昌幸・信繁が追放されると、その所領と家臣団の大部分を引き継いだ。父や兄弟が豊臣方についたにもかかわらず、家康に味方したことにより、三万石の加増もあったので、これを機に知行改めや、家臣団の編成替えをした。さらに、慶長八、九年にかけて年貢収納を扱う代官や大代官を任命するなど、領内の支配もきめ細かくしていった。

大坂の陣における信繁父子の活躍は、徳川方に属していた信之の立場を複雑なものにしたが、家康や秀忠の信頼を失うことはなかった。夏の陣の翌年、元和二年（一六一六）正月、駿府城（静岡市）の家康が病気になった。このため将軍秀忠も江戸城を出発して家康を見舞った。諸大名も病気見舞いを名目に駿府城に行ったが、信之は自身が病気だったので、長男の信吉を駿府に向かわせた（家康は四月十七日に死去した）。

その後、信之は病気から回復し、元和二年の夏に上田城へ入った。それまで彼は上州沼田にいて、上田領の政務をみていたのである。この際、信之は長男の信吉に沼田城主の地位を譲っているので、本格的に真田の家を継いで上田支配を行おうとしたのだろう。実際、八月一日付で郡奉行四人にあてた覚書には、「明地《あきち》隠田《おんでん》などは入念に相改むべき事」「祢津・丸子・武石の辺の儀、念を入れられ相改むべく候」などとあって、上田領の検地を入念にするよう指示している。この他、領内一円に改めて各種の政令や印判状などを出した。信之は近世大名として、検地などを通して順調に領域内の支配を進めていったのである。

元和八年、上田の屋敷があまりに狭いので、普請をしようと武石《たけし》（小県郡武石村）から材木などを取り集めていると、秀忠の上意だとして江戸から連絡が来たので、信之は急いで江戸に出発した。十月十三日に信之が家老にあてた書状によると、呼び出されて参府したところ、秀忠から「川中島において過分御知行拝領せしめ候、殊に松代の儀は名城と申し、北国かなめの要害に候間、我等に罷り越し、御仕置き申し付くべし」と命じられた。幕府は元和八年八月二十七日、松代城主の酒井忠勝を出羽鶴岡城（山形県鶴岡市）に移し、九月二十五日にその跡に信之を入れたのである。

松代で信之が得た領地は、川中島四郡の更級《さらしな》・埴科《はにしな》・水内《みのち》・高井の内十万石であったため、上州沼田の三万石も合わせると四万石の加増になった。ところが、本領としてこれまで勢力を扶植してきた小県とは切り離された。領地は増えたものの、真田家も鉢植え大名の一つとなり、幕府の意に従って移封されることになったのである。

元和八年十月、信之は松代に移ると初代松代藩主として藩政に乗り出した。家臣に対しては少し時間をおいた寛永元年（一六二四）十月三日、一斉に知行宛行状を出した。その特徴は藩士に地方《じかた》（百姓がつけられた土地）を知行として宛がった点（地方知行制と呼ばれる）にある。地方知行を受けたのは上・中級の家臣で、家臣およそ千九百人のうちでだいたい二百六十人にすぎず、残りは藩蔵から蔵米が支給される蔵米取りの形だった。

寛永十年六月九日には町奉行心得、寛永十四年四月十四日には代官心得、同年七月九日には軍奉行心得、同年十月二十一日に職奉行心得と、次々に領内統治の政令が定められた。こうして職制が整備され、その職務規程がなされることで、松代藩の領内統治は徹底していった。

名門真田家を現在に伝える大きな役割を果たしたのは、昌幸や信繁に比較すると地味に見える信之だったのである。

第二章

武田・上杉・真田氏の合戦

一　川中島合戦

1　信玄の信濃諏訪・佐久侵略――勝利と敗戦と――

これまで取り上げてきた武田信玄、上杉謙信、真田幸隆の三人が直接関わった戦争として、川中島合戦がある。この合戦におけるそれぞれの動きからは、彼らがいかに戦国の時代を生き延びていったか、具体的な状況が読みとれる。そこで、しばらく川中島合戦を取り上げていきたいと思う。

この時代が戦乱の時代となった最大の理由は、気候異常による農作物の不作、そこから発生した飢餓、食料争奪にあった。戦国大名としては領民を食べさせるためにも戦わねばならなかったのである。このことを根底においた上で、なぜ川中島合戦が起きたのかを、武田信玄の側から確認しよう。

家督を継いだ信玄が、侵略する先としてねらったのは信濃の諏訪郡だった。南に今川義元、東に北条氏康の強大な領国が存在したために、武田氏の力で攻め取るとしたら、まだ一国が統一されておらず、地域の領主が互いに攻め合っている信濃しかなかったからである。

　天文十一年（一五四二）七月二日、武田軍が諏訪に侵攻した。高遠頼継の軍も杖突峠（長野県茅野市と伊那市の境にある峠）を越えて諏訪に乱入し、安国寺（茅野市）門前に火をかけた。

板垣信方を祀った板垣神社（上田市提供）

上原城（茅野市）で支えきれないと思った諏訪頼重は桑原城（諏訪市）に移った。四日に武田方の和談に応じて開城したにもかかわらず、甲府に連行され、二十一日に切腹させられた。

　諏訪郡の半分しか入手できなかった高遠頼継は、諏訪郡全体を領そうと福与《ふくよ》城（上伊那郡箕輪町）の藤沢頼親や上伊那の春近衆《はるちかしゅう》（伊那市春近に住んだ土豪集団）と結び、九月十日に兵をあげ、諏訪社下社と上社（現在の諏訪大社は上社〔本宮《ほんみや》と前宮《まえみや》〕と下社〔春宮と秋宮〕からなっている）を占領した。信玄は頼重の遺児虎王《とらおう》を擁して二十五日に安国寺門前の宮川のほとり

笠原清繁の首塚と伝える五輪塔
（佐久市・著者撮影）

で高遠勢と戦い、圧倒的勝利を得た。諏訪郡を平定した信玄は、翌天文十二年五月に上原城を修築して、板垣信方を諏訪郡代として在城させ、天文十四年四月、高遠攻略の軍を動かし、十五日に杖突峠に陣を張った。これを見て頼継は十七日に城を捨てて逃亡した。高遠を支配下に置いた武田軍は藤沢頼親を攻撃し、六月十日に和議に応じさせ、上伊那も支配下に置いた。

これより先の天文十二年九月、信玄は大井郷（佐久市岩村田）の大井貞隆を討つために甲府を出発し、十九日に彼を生け捕った。しかし、貞隆の子貞清が内山城（佐久市）によって抵抗したので、信玄は再び天文十五年五月に軍を動かし、二十日に城兵を降伏させた。貞清も内山城を明け渡し、翌年五月に甲府へ出仕した。

志賀城（佐久市）の笠原清繁《かさはらきよしげ》は西上野の豪族や関東管領上杉憲政などの支援を受け、抵抗を続けた。信玄は天文十六年七月二十四日から志賀城攻撃を開始した。一方で武田軍は、笠原氏救援のため小田井原《おたいはら》（北佐久郡御代田町）までできた金井秀景《かないひでかげ》の率いる上野軍を迎え撃ち、八月六日に大将格十四、五人と雑兵三千人ほどを討ち取って潰走させた。結局、志賀城は十一日に城主父子や城兵約三百人が討ち死にして陥落した。

佐久を手に入れた信玄は、東から北の信濃に大きな勢力を持つ村上義清と直接対峙せねばならなくなった。天文十七年二月一日、信玄は義清の本拠坂木（埴科郡坂城町）に向けて出馬し、上田原（上田市）に陣を張った。一方、義清も坂木を出て千曲川を挟み武田軍に備えていたが、十四日になって両軍が上田原で激突した。武田軍は地の利を知り尽くしていた村上軍に惨敗し、板垣信方をはじめ、甘利虎泰《あまりとらやす》などの有力武将が戦死した上、信玄までが負傷してしまった。

上田原での武田軍惨敗は、武田氏の占領地に動揺をもたらした。勢いに乗った村上義清は、府中（松本市）の小笠原氏や大町（大町市）の仁科氏の軍勢とともに、四月五日に諏訪に乱入した。佐久でも二十五日に武田軍の前進基地となっていた内山城（佐久市）に放火し、前山城（佐久市）も佐久衆が武田氏の手から取り戻した。

このように武田信玄の信濃侵略は、天文十七年頃まで行きつ戻りつしていたが、当時は諏訪郡、伊那郡、佐久郡といった、信濃の南と東側が戦争の舞台となっていた。

2　信玄の信府侵略――着々と増える領域――

天文十七年（一五四八）七月十日に西方衆《にしかたしゅう》と呼ばれた諏訪湖西岸の武士や、諏訪氏一族の矢島・花岡氏らが、守護として府中（松本市）に根拠をおいている小笠原長時と通じ、諏訪へ乱入した。信玄は十八日に諏訪へ入り、十九日早朝六時ごろに塩尻峠の長時軍五千余人を急襲した。武田軍は不意をつかれて武具をしっかり着ける暇もない敵を一方的に打ち破り、将兵千余人を討ち取った上、西方衆を追討し、彼らの家々に火をかけた。こうして信玄は、上田原の合戦で蒙った痛手を癒し、再び信濃制圧に乗り出すことになったのである。

信玄は九月に佐久郡に入り、前山城（佐久市）を攻めて失地を回復した。その上で本格的に松本平に攻め入るため、十月四日に村井（松本市）で城の普請を開始した。

天文十九年に信玄は再び小笠原氏攻撃を開始し、七月十日に村井に着いた。武田軍は十五日にイヌイ城（不明）を攻め破り、勝どきをあげて午後八時ごろに村井城（小屋城）へ帰った。これを聞いて小笠原方の大城（林城）・深志・岡田・桐原・山家《やまべ》の城兵は、深夜零時ごろに皆戦わずして逃亡し、島立《しまだち》・浅間《あさま》の二城（以上すべて松本市）も降参した。この間に小笠原氏のおもだった侍衆が続々と信玄に従う姿勢を見せた。また大町（大町市）

の仁科道外《どうがい》（盛能《もりよし》）も出仕してきた。こうして、信玄は信濃の府中を手に入れたのである。

府中を領した信玄は小笠原氏の本拠であった林城を破却し、新たな信濃経略の拠点、および松本平を支配する基地として、深志城（後の松本城）を修築することにし、七月十九日に鍬立式（起工式）を行い、二十三日に総普請を開始した。

小岩岳城跡に平成2年に建てられた門（安曇野市提供）

　信玄が九月九日に小県郡戸石城（上田市）で大敗すると、長時は村上義清の援助で平瀬城（松本市）に戻り、深志城を奪還しようとした。十月末、義清が三千の兵を率いて塔ノ原城（安曇野市）に陣を張り、長時も氷室《ひむろ》（松本市）に陣取ったため、長時に応じた小笠原氏の旧家臣たちは、信玄方の城を陥れた。しかし、信玄の出馬を聞いて、中塔《なかとう》城（松本市）に籠城した。

　天文二十年（一五五一）五月、戸石城を真田幸隆（幸綱）が攻略したため、東信濃でも信玄の立場は有利になった。義清軍が丹生子《にゅうのみ》（大町）

を陥れたとの情報を得た信玄は、十月二十日に深志城に入城した。武田軍は二十四日に平瀬城を陥落させ、続いて二十七日に小岩岳城《こいわたけ》（安曇野市）へ放火したが、攻め落とすことができなかった。

天文二十一年七月二十七日、信玄は再び小岩岳城攻略のため甲府を出発し、八月一日に至って攻撃を開始し、十二日に城主を自害させ、五百余人を討ち取って落城させた。これによって、小笠原氏が領していた安曇郡と筑摩郡も、ほぼ信玄の支配下に入ったのである。

信玄は天文十七年（一五四八）の塩尻峠合戦の勝利を契機に、上田原合戦で失った佐久郡を再び手に入れようとした。小山田信有を大将とする武田軍は八月十八日、田口城（佐久市）を攻撃したが、逆に信濃勢に囲まれて散々な目にあった。けれども、武田軍は九月十一日に臼田《うすだ》（同）を出て、前山城を攻め落とし数百人を討ち取ったので、近辺の十三の城に立て籠もっていた兵も皆城を開いて逃亡した。十二日、武田軍は佐久郡の大将たちを打ち破り、五千人ほどの首を取り、無数の男女を生け捕った（数字は『勝山記』によるが誇張があろう）。

天文十八年（一五四九）八月二十三日、信玄は桜井山城（佐久市）に入り、二十八日に御井立に放火した。続いて九月一日鷺林（同）に陣取り、四日には平原城（小諸市）に火を放った。これら一連の軍事行動により、佐久郡は改めて武田氏の勢力下に入った。

こうして信濃の中央部分に当たる筑摩郡と安曇郡、東側の佐久郡が信玄の支配下に置かれた。川中島への道は開かれたといえるだろう。

3　武田信玄と村上義清 ——戸石崩れを乗り越えて——

信玄の信濃侵略の前に立ちはだかってきたのは村上義清だった。村上氏の祖先は、応永七年（一四〇〇）に新たに守護となった小笠原長秀に対し大文字一揆《だいもんじいっき》とともに戦った村上満信《みつのぶ》である。戦国時代までに村上氏は北信濃と東信濃に勢力を持つようになり、信濃を代表する領主に成長していた。いうならば、信濃の内部から国を統一していこうとする代表者が義清だったのである。彼の動きを遮るように信玄が侵入してきたのであるから、両者は衝突せざるを得なかった。

信玄は天文十九年（一五五〇）七月に松本平を手に入れると、村上義清打倒のため小県郡へ出陣し、戸石城（上田市）攻撃を決定した。八月五日、先陣の長坂虎房が出陣し、十日に足軽衆も進撃すると、敵方の和田城（長和町）の兵が逃亡した。信玄も二十八日には戸石城の近くに陣をすえた。二十九日戦闘が開始され、九月三日に武田軍は城ぎわまで陣を寄せ、九日総攻撃をかけたが、戦果をあげることができなかった。晦日に信玄は軍議を開き、翌十月一日退却を開始した。そこを村上勢に猛攻撃され、武田方は横田高松《たかとし》など千人ばかりが討ち取られた。名高い「戸石崩れ」の敗戦である。

その後、義清は長時を助けて筑摩郡の平瀬城（松本市）へ進出し、さらに佐久に侵入して小諸に進み、野沢（佐久市）・桜井山城（同）に放火した。このように村上軍が武田軍へ攻勢を加えていた時、天文二十年五月二十六日、戸石城が真田幸隆によって突然落とされてしまった。

戸石城攻略は信玄の義清攻めの転機になった。武田勢は十月二十四日に平瀬城を攻略した。翌年八月に安曇郡の小岩岳城（安曇野市）をも陥落させたので、信濃における当面の大敵は村上義清だけになった。

天文二十二年三月二十九日に深志城を発った信玄は、苅屋原《かりやはら》（松本市）に着き、翌日、苅屋原城の近辺に放火し、四月二日に城を攻め落とした。武田軍は二日には塔ノ原城も開城させ、三日に会田の虚空蔵山城《こくぞうさん》（松本市）へ放火し、苅屋原城を破却して鍬立をした。四月六日、武田勢の先陣が義清の本拠葛尾城（埴科郡坂城町）の攻略に向かい、九日に戦わずに落としたので、義清は上杉謙信を頼って落ち延びていった。この日、屋代（千曲市）

の屋代氏と、篠ノ井《しののい》（長野市）の塩崎氏が信玄のもとへ出仕してきた。

天文二十三年七月二十五日、信玄は小笠原信貴《のぶたか》を先方として小笠原信定の鈴岡城（飯田市）を攻め、八月七日に落とした。これを契機に下伊那の武士の多くは武田氏に降ったが、神之峰《かんのみね》（飯田市）の知久《ちく》頼元だけが降伏しなかったので、城を陥落させて、頼元父子を捕らえた。神之峰落城を見て吉岡城（下伊那郡下条村）の下条氏も信玄に臣従し、その他の土豪も従う姿勢を見せたので、下伊那も信玄の支配下に入った。

天文二十四年（弘治元年・一五五五）三月、武田軍は木曾攻撃を開始して、鳥居峠を下った薮原（木曽郡木祖村）側に砦を築いた。原昌胤の率いる一隊は稲核《いねこき》（松本市）から奈川（同）へ越し、小木曾《おぎそ》村（木祖村）へ出て、薮原の中に陣取った。やがて、武田勢の主力が急遽川中島へ向かったため、戦線は膠着状態に入った。

信玄は八月になって改めて木曾に軍を進めた。木曾義康は上之段《うえのだん》城（木曽町）によって武田勢に備え、子息の義昌は小丸山城（同）に籠もった。武田軍は南下を続け、小沢（同）川端で木曾軍と戦い、これを撃破したので、ついに義康が信玄に和を求めてきた。

このままいけば信濃は簡単に信玄の領有するところとなったはずである。ところがそうはならず、信玄の前に上杉謙信が立ちはだかり、川中島の合戦となった。

対する上杉謙信は、なぜ武田信玄と戦うことにしたのだろうか。

4　謙信の対応――越後の防衛と大義名分――

弘治二年（一五五六）六月二十八日に上杉謙信（当時は長尾景虎）が長慶寺《ちょうけいじ》の住職へあてた書状には、「信州の儀、隣州勿論《もちろん》に候と雖《いえど》も、村上方をはじめとし、井上・須田・島津・栗田、その外連々申し談じ候。殊に高梨ことは、取り分け好《よしみ》の儀あるの条、かたがた以て見除せしむべきに非ず。彼の国過半晴信手に入れられ、既に一変あるべき体に候間、両度出陣」とある。

これより先、天文二十二年（一五五三）四月、葛尾《かつらお》城（埴科郡坂城町）を落とされた村上義清は上杉謙信に助けを求めた。井上・須田・島津・栗田など以前から上杉氏と関係の深かった北信濃の豪族も、謙信と結びついて信玄に対抗した。

信濃の北端部に住んだのが高梨氏だった。高梨氏について井上鋭夫氏は、「もともと高梨氏は越後の高梨（小千谷市）から出た豪族であろう」と述べている。『高梨系図』では、高梨政盛の女子が越後守護代長尾能景に嫁して為景と次女を生み、その次女がまた政頼の妻となっている。長尾氏は越後から信濃に抜ける交通の要衝を押さえ、しかも北信でも有数の有力国人である高梨氏と婚姻を結んでいた。このように、謙信は高梨氏と密接なつながりを有していたので、高梨氏が信玄に圧迫されるのを、見捨てておくわけにいかなかった。つまり、謙信は信濃の領主たちの求めに応じることを名目にして、信玄と戦ったのである。

現在の武水別神社（武水別神社提供）

弘治三年正月二十日、謙信は信濃更級郡八幡宮（現武水別《たけみずわけ》神社、千曲市）に武田信玄の討滅を祈願した。その願文の中には、「ここに武田晴信と号する佞臣《ねいしん》ありて、彼の信州に乱入し、住国の諸士ことごとく滅亡を遂げ、神社仏塔を破壊し、国の悲嘆累年に及ぶ。何ぞ晴信に対し、景虎闘争を決すべき遺恨なからん。よって隣州の国主として、あるいは恨みを後代鬼神に誓い、あるいは眼前に棄て難き好あり、故に近年助成に及ぶ。国の安全のため軍功を励むところ他事なし」と記した。

武田信玄が信州に乱入してきて、信濃に住んでいた諸士はことごとく滅亡してしまった。彼が神社仏閣などを破壊したために、国民が悲しみ嘆くことは連年に及んでいる。自分は晴信（信玄）に闘争を決すべきであると考えた。そこで隣国に住む国主として、恨みをはらすことを後代鬼神に誓った。また眼前には棄てておくことのできない因縁があるので、近年信濃の諸士を助けている。国の安全のために軍功を励んでいるだけで、他には意図はない、と神に訴えている。神に対する弁明であるから、すべて事実というわけにはいかないだろうが、謙信は信玄と戦った正式理由を、信濃の国民のためだと表明しているのである。

ところが、同じ年の二月十六日に謙信が色部勝長にあてた書状の中には、「信州味方中滅亡の上は、当国の備え安からず候。今般に至っては、一廉《ひとかど》の人数以下相嗜《たしな》まれ、御稼ぎこの時に候」と記している。信州で自分の味方をしてくれる者たちが滅亡してしまえば、越後の安全が保証できないというのである。単純な直線距離で、信玄の根拠地だった甲府市から善光寺のある長野市までは約一二〇キロメートルである。これに対し長野市から謙信の根拠地であった上越市までは約五〇キロメートルしかない。だから、実際に信玄が川中島を押さえてしまえば、謙信の領国に手が届く。信濃が信玄の手に落ちると、根拠地の春日山、および領国が危機にさらされることは疑いない。謙信としては、信州の人を助けるという名目よりも、信濃が信玄に取られ、越後が危険に陥る前に手を打った側面が大きいのである。

5　信玄の立場 ―― 諏訪社造営と平和を旗印に ――

武田信玄といえども、自らの行動の正当性を主張しなければ家臣や領国民がついてこない。はたして信玄は、いかなる名目を持っていたのだろうか。

晴信（まだ信玄と名乗っていないため、永禄二年〔一五五九〕以前である）は三月九日付で諏訪社上社神長《じんちょう》（上社の神官の中でもっとも上に位置した役職）の守矢頼真に書状をしたためた。それには次のようなことが書いてある（一九五頁 写真参照）。

> 急度《きっと》一筆を染め候意趣は、当社御頭役近年怠慢のみに候か。しからば、一国平均の上、百年已前《いぜん》の如く、祭礼勤めさすべきの由存じ候処に、十五箇年已来《いらい》兵戈《へいか》止むを得ざるにより、土民百姓困窮す。殊には嶋津・高梨等今に令に応ぜず候間、諸事思慮の旨あって、これを黙止し畢《おわ》んぬ。必ず嶋津・高梨当手に属さば、それがし素願の如くその役を勤べきの趣催促に及び、難渋の族《やから》に至っては、先忠を論ぜず成敗を加うべく候。抑《そもそ》も毎年三月御祭のことは、たやすき子細に候条、当時分国の内へ堅く下知なすべく候。

現在の諏訪大社上社本宮（諏訪大社提供）

信玄がわざわざ神長に手紙を書いたのは、諏訪上社の御頭役が近年怠慢になっているからだという。そこで信濃国を一国平定して、百年以前のように祭礼を勤めさせようと思っているが、十五箇年以来信濃では戦争が止むことがないため、土民百姓が困窮している。ことに島津・高梨といった者たちは、今も私の命令に応じないので、いろいろ思いをめぐらした上で、これを黙止してきた。島津・高梨が私の手に属したならば、私が抱き続けた願いに従って、その役を勤めるようにと催促し、ぐずぐず言って従わない者たちについては、これまでの忠節に関わりなく成敗する。毎年三月に行う御祭をすることは、たやすいことなので現在自分の分国になっているところへ堅く下知する、と述べている。

信玄は、信濃一宮の諏訪社の祭礼がしっかり行われていないのは、皆が怠慢しているからなので、これを百年前のように信濃全域に勤めさせるために、「二国平均」すると主張している。諏訪社の祭礼復興のため、信濃全体を均一に支配する必要があるというのである。信玄も私欲で行動するのではなく、諏訪社のためだと主張している。

永禄三年二月二日に信玄が諏訪社上社権祝《ごんのほうり》にあてた判物(本人がサインして出した文書)には、「諏訪上の社造営の事、先規に任せ信国中へ催促を加うべし。もし難渋の輩あらば、早く注進すべし。その人の越度により罪科に行うべし」などと書いてある。上社造営については信濃国全体に催促をするように、もし応じない者がある場合には連絡せよ、その状況によって罪科とするという。ここでも、信玄は諏訪社造営と信濃一国支配をセットに意識していたといえる。

もう一つここで主張しているのは、「十五箇年已来兵戈止むを得ざるにより、土民百姓困窮す」と、戦争が続いているからその土地の民、百姓が困り苦しんでいるのだという点である。戦争によって苦しむ地域住民を助けるためには、信濃国を統一して平和にしてやるのがよいとの論理になる。

現在の社会において私たちが国家に求める最大のものは、国民の生命および財産の安全保障である。武士は戦うことを職業としているという意味で戦争が職業の場だが、民衆にとっては生命などを危機にさらす要因になる。平和になりさえすれば、生命や財産の保全は戦争状態よりはるかに保たれる。戦争をなくすことは、何時の時代にとっても正義の一つの旗印になったのである。

ちなみに、武田信玄の人気は現代においても山梨県で絶大である。ところが長野県の北側や、群馬県に行くと全く逆に嫌われている。山梨県の人にとっては、信玄統治時代の甲州は戦場にならず、平和が維持された上、戦勝によって多くの富が甲斐にもたらされて、景気がよかったというプラス面が想起されるのに対し、長野県の北側や群馬県では侵略され、略奪をうけた記憶が圧倒的に大きいのである。また、武田信玄といえば信玄堤が有名だが、これもまた領民の生命および財産維持の手段だといえる。統治者として、領民の生命および財産の維持は、最低条件でしなければいけないことなのである。

内閣総理大臣であった小泉純一郎氏は「自分の身は自分で守れ」と言っていたが、それは統治者として当然しなければいけないことを投げ出したように私には思えた。

6　最初の接触――一進一退も信玄が不利――

武田信玄の動静を探るのにもっともよい史料である『高白斎記』の天文二十二年（一五五三）四月の条には、「二十二日御人数八頭、八幡の筋へお立ち候。敵五千ばかり打ち向かうの由。二十三日己亥、葛尾在城の御味方衆於曽源八郎方討ち死に。二十四日辰刻、御馬苅屋原へ納められる」とある。

葛尾城（埴科郡坂城町）を陥れて川中島の南部を手に入れた武田軍は、四月二十二日に八人の大将に率いられて八幡（千曲市）に向かった。そこへ五千人ほどの敵が攻撃をしかけてきた。この敵こそ、上杉謙信勢と村上義清など北信濃に住んでいた諸士の連合軍であった。武田と上杉の最初の戦いであった。武田軍は押されぎみで、四月二十三日に葛尾城を守っていた於曽源八郎などが討ち死にした。このために、信玄は決戦を避けて二十四日の午前八時ころに苅屋原（松本市）に退いた。

ここで勝利した義清勢は、坂木（坂城町）をはじめ小県の和田（長和町）・塩田（上田市）方面を回復し、塩田城（上田市塩田）に入った。

信玄は本拠地に戻って態勢を立て直そうと、五月十一日甲府に帰った。その後、佐久口から再び信州に入り、八月一日に長窪（長和町）に陣をしいて、和田城（同）を攻め、城

姥捨山から見た川中島（著者撮影）

主以下を皆殺しにした。四日には高鳥屋《たかとや》城（上田市）を落とし、籠城衆を全滅させ、内村城（同）も落城させた。翌日塩田城も陥落して義清が逃亡し、武田軍は付近の城十六を落とし、そこに籠もっていた多くの足弱《あしよわ》（女や子供など足の弱い者）を、これから後にもないだろうというくらい生け捕った。生け捕った者たちは、身代金を払わせて故郷に帰したり、奴隷として使役した。当時は奴隷制の時代であり、略奪の対象として人間があったのである。ともかく、こうして信玄は対謙信の初戦における敗退を挽回していった。

武田軍がさらに川中島南部に陣を進めると、謙信も信濃に入ってきたので、八月には布施《ふせ》（長野市）で両軍が戦うことになった。時代がくだった弘治三年（一五五七）三月二十八日、信玄は

越後勢が攻め落とした虚空蔵山城跡遠望（著者撮影）

大須賀久兵衛尉に、この時の戦いの戦功を賞した感状を与えている。

『高白斎記』には、九月一日に「麻績《おみ》小四郎方へ来国光《らいくにみつ》（鎌倉時代末に活躍した刀工）の刀遣わされ候。越後衆動く。八幡破れ、新砥《あらと》自落」とある。武田勢は九月一日に八幡で敗れ、荒砥城（千曲市）も戦わないで、自ら落ちてしまった。勢いづいた越後勢はさらに筑摩郡に侵入し、三日に青柳（東筑摩郡筑北村）へ放火した。この日、越後勢は会田の虚空蔵山城（松本市）をも落城させた。

九月八日、信玄は松本の郷（上田市）二百貫の知行を曲尾《まがりお》越前守（真田を根拠にしていた武士か）に与えた。そして十三日の夜、武田軍は麻績城（麻績村）・荒砥城に放火した。この時、室賀《むろが》氏は敵の首を七つも討ち取った。十五日夕方四時ころに信玄のもとに注進が来て、敵を夜中に除くことができたと伝えた。さらに、十六日になると塩田にあった信玄陣所へ、窪村源左衛門が敵の祢津治部少輔・奥村大蔵少輔などを討ち取るとともに、謙信の書状三通を手に入れてやってきた。そこで信玄は褒美に源左衛門へ百貫文の地を与えた。十八日になると上杉軍が埴科方面に進出して、坂木南条《みなみじょう》（坂城町）へ放火したので、信玄は途中まで出馬した。しかしながら、二十日に「越後衆退くの由、巳刻（午前十時ころ）申し来たる」と、越後勢は撤退した。

武田と上杉の最初の戦場は、主として川中島の南部から東筑摩郡の北部だった。戦いも武田・上杉両軍の全面衝突でなく、軍勢の一部が争った程度であった。戦況も一進一退ながら、どちらかというと武田方に不利で、信玄の勢力は善光寺平の中心部に及ばなかった。

7　二回目の戦いを前に――武田・今川・北条の同盟成立――

信玄は天文二十二年（一五五三）の上杉軍との衝突で、敵勢の強さを実感し、謙信との戦いに専念できるように画策した。それが、今川・北条両家との同盟であった。

武田氏が今川義元の擁立に荷担し、義元の妻として信玄の姉が嫁いでいたので、両家は姻戚によって良好な関係にあった。ところが、天文十九年（一五五〇）に義元夫人が亡くなったため、天文二十一年に義元の娘が信玄の長男である義信に嫁ぎ、今川と武田との間に再度同盟が結ばれた。義元の登場によって関係が悪化した今川と北条の両家は、信玄の斡旋によって天文十四年十月に和睦がなされ、その後両者の間で婚約が決められた。一方、天文二十二年には信玄と北条氏康との間で、両家の婚約が成立し、翌年七月に氏康の娘が今川氏真に、十二月に信玄の娘が北条氏政へ嫁いだのである。

武田・今川・北条の姻戚による同盟成立により、信玄は南と東の有力な戦国大名から攻撃を受ける可能性がなくなり、謙信との戦いに専念できるようになった。

天文二十三年九月二十三日、信玄は大日方主税助《おびなたちからのすけ》に対し、その地へ長坂虎房が移ったところ、特別に走り回ってくれたことを賞し、「しからば諸事おのおの談合あり、いよいよ相拵《かせ》がるべきこと専用に候」と、書状を送っている。

またそれから四日後の九月二十六日の書状では、「今度伊那・佐久悉《ことごと》く本意、内々この砌《みぎり》奥郡へ出馬すべく候と雖も、小田原と祝言の儀申し合わせ候間、先ず以て帰国、来春に至っては早々出馬すべく候。しからば速やかに本意を達し候様に、惣領と談合あり、馳走《ちそう》祝着たるべく候」と記している。ここにはすぐにでも信濃の奥郡（中央から遠い

北条高広のよった北条城跡（柏崎市提供）

郡、当時は水内・高井両郡であろう）に向けて出馬したいけれども、小田原の北条氏との間で祝言のことを話し合わなければならないので、まずは帰国すると、十二月の娘の祝言に対する意識がにじみ出ている。そのかわり信玄は来春、奥郡に出馬すると伝えており、川中島に向かうことが示されている。

十二月十八日に武田信玄は山城清水寺の塔頭である成就院《じょうじゅいん》へ、信濃出陣に関連してわざわざ観音の像二幅、巻数五などを送ってくれた礼を述べ、信濃国十二郡（信濃は本来筑摩・伊那・安曇・諏訪・水内・更級・高井・埴科・小県・諏訪の十郡なので、木曾を二郡に数えたものであろう）でいまだに一郡を支配に組み込んでいないが、全部を手に入れ一国平均に支配したならば、約束のものを進納する、このためにさら武運長久の祈念をして欲しいと手紙を書いた。やはり信濃の北に向けて出馬する意欲が述べられている。当然、このためには上杉謙信を破らねばならない。

これより先、越後の北条城《きたじょう》（柏崎市）によっていた北条高広が武田信玄に内応した。一族の安田景元との対立によるのだろうか、その理由ははっきりしないが、信玄の下工作によるところが大きかったと思われる。信玄は同年十二月五日、甘利昌忠を高広のもとへ派遣し、挙兵を勧めていたのである。

安田景元は高広謀反の動きを、ただちに謙信家臣の直江実綱《さねつな》（後の景綱）に知らせた。これを聞いた謙信は弘治元年（一五五五）正月十四日、北条攻撃の前線基地となる上条城（柏崎市）と琵琶島城（同）に援軍を派遣した。謙信は多くの軍勢で北条城を包囲させてから、自ら二月はじめに善根《ぜごん》（柏崎市善根）まで出陣し、北条城攻撃の指揮をとった。高広は信玄からの援軍を期待していたが、援軍はやってこなかった。結局、高広は降伏し、二月十三日に謙信が安田景元の戦功を賞している。なお、高広は許されて、本領を安堵された。

信玄は三月二十一日に大日方主税助にあてて、「抑《そもそ》も大日方入道武略を以て、千見《せんみ》の地を乗っ取られ候砌《みぎり》、その方抽《ぬき》んでて相挊《かせ》がるるの由、戦功の至り感じ入り候、よって太刀一腰これを遣わし候」などと感状を与えた。信玄は主税助に安曇郡千見（長野県大町市）を占領させて、糸魚川方面からの越後勢の侵入に備えていたのである。あるいはこちら側から、謙信をねらおうとしただろうか。

8　二回目・三回目の戦い　――善光寺平をめぐる抗争――

　謙信は天文二十四年（一五五五）四月ころに信濃へ出陣し、七月に善光寺の東に接する横山城（長野県）へ陣取り、信玄に味方した善光寺堂主の栗田氏が籠もる旭山城に対峙した。一方、信玄は約六キロメートル離れた大塚（長野市青木島町）に陣取った。『勝山記』によれば、この時信玄は旭山城に援兵三千と弓八百帳、鉄砲三百梃を送って謙信に対抗させた。事実ならば、鉄砲伝来が天文十二年（一五四三）なので、信玄はわずか十二年で相当数の鉄砲を用意していたことになる。また駿河の今川義元は、同盟関係によって援軍を武田方に送り込んだ。

　七月十九日、武田軍と上杉軍は川中島で戦った。この戦いに関連した感状は信玄のものが十通知られるのに対し、謙信のものは一通しかないので、数からすると武田方の勝利だったようである。

　この後、両軍は犀川を隔てて対陣し、膠着《こうちゃく》した戦況になった。両軍とも長陣に疲れ果てたので、今川義元の調停により閏十月十五日講和が成立し、兵を引いた。講和条件は旭山城を破却し、北信濃の諸氏を還住させ、両者がそれぞれ勢力を侵すことなく撤兵帰国することであったが、村上義清は本拠の坂木に戻れなかった。実質的には戦いを通じ

旭山城跡遠望（著者撮影）

て、信玄の勢力が川中島地方の一部にまで浸透していったといえる。

弘治二年（一五五六）八月、真田幸隆が尼巌城《あまかざり》（長野市松代町）を落城させたので、武田軍は小県から地蔵峠（長野市と上田市の間にある峠）を越えて川中島に出る道を確保できた。弘治三年、信玄は越後が雪深い間、謙信が兵を動かせないことを見越して、兵を北信に派遣し、かねて内応者を作っておいた葛山城（長野市）を二月十五日に落城させた。これによって信玄は善光寺平の中心部を手に入れた。この余波を受けて謙信に味方していた島津氏が、長沼城（長野市）から大倉（同）に落ち、飯縄社（同）も信玄に降り、戸隠社（同）の三院の衆徒らは越後に逃げた。

信玄の善光寺平進出を知った謙信は、二月十六日、三月十八日と四月二十一日に色部勝長に書を送って参陣を促した。この間に信玄が飯山城（飯山市）の高梨政頼を攻める態勢を取ったので、謙信は三月二十三日に長尾政景に参陣を求めた。謙信本人も四月二十一日に善光寺に陣をしき、武田方の押さえていた山田の要害（上高井郡高山村）や福島（須坂市）を奪い返し、二十五日には敵陣数ヶ所や根小屋（城のある山の麓の集落）などに放火して、旭山城を再興して本陣を移した。ついで、島津月下斎を鳥屋《とや》城（同）に入れ、小川（上水内郡小川村）・鬼無里《きなさ》（長野市）方面に圧力を加えた。

謙信は敵地にそのまま踏み止まっているわけにいかず、いったん飯山城に後退した。五月十二日、謙信の軍は高坂《こうさか》（上水内郡飯綱町）を攻めて近辺に放火し、翌日、坂木・岩鼻（坂城町）まで進んだが、戦果をあげることができなかった。謙信は飯山に引き返して、武田に内通していた市河藤若を攻めようと、野沢の湯（下高井郡野沢温泉村）へ陣を進めた。

ところが、武田軍は意表を突いて七月五日、松本から越後の糸魚川（新潟県糸魚川市）方面に抜ける要衝の小谷《おたり》（北安曇郡小谷村）を攻略し、謙信を背後から脅かした。八月二十九日に謙信が何点かの感状を出しているので、八月に上野原で両軍の衝突があったことが知られる。上野原については諸説があるが、長野市若槻の上野原とする説が強い。

信玄は一連の戦いを深志城（松本市）で指揮したが、全体としてみれば彼の勢力が善光寺平および戸隠付近に及んだことになる。

9　四回目の戦いを前に――謙信の上洛と海津城――

永禄元年（一五五八）五月、三好長慶・松永久秀などに京都を追われて近江朽木《くつき》（滋賀県高島市）に陣を置いて戦いを続けていた将軍足利義輝は、信玄と謙信の和睦をはかり、謙信を上京させて彼の力で京都を回復しようとした。

京都では義輝と長慶との間で和約が成立して、永禄元年十一月に義輝が帰京した。永禄二年二月二十日、義輝は謙信へ書を送り、信玄との和睦同意を賞した。信玄は和睦の条件として信濃守護職補任を望んだようで、将軍から永禄二年に守護補任の御内書がもたらされた。当時守護職はほとんど名目のみだったが、信玄にとって信濃を支配する上で十分に利用価値のある役職に見えたのである。

謙信は永禄二年四月上洛し、将軍義輝や正親町天皇に会った。また関白近衛前嗣と意気投合し、関東公方に迎える約束をした。先の永禄元年、北条氏に攻められて没落し、謙信の厄介になっていた関東管領の上杉憲政は、越後での立場をよくしようと、上杉の姓と関東管領の職を謙信に譲ると申し出ていたが、これが幕府に公認されて関東管領に謙信が任命されたからである。

謙信が半年もの長い間越後を留守にしている間に、信玄は北信濃の大部分を手に入れ、

足利義輝像
（国立歴史民俗博物館蔵）

さらに越後へも侵入しようとした。永禄二年五月に信玄は松原諏訪社（南佐久郡小海町）に願文を納め、信州奥郡ならびに越後の境に軍を進めるので、敵城が自落し、越後勢が滅亡するようにと祈り、具足一領などを献じた。願文には「釈信玄」と署名されているが、これが信玄と記した現存する最古の文書である。

武田軍は再度北信濃から越後に乱入した。信玄の度重なる軍事行動に将軍は使者を派遣し、詰問した。さらに、六月二十六日に謙信へ「甲・越一和の事、晴信に対し、度々下知を加えると雖も同心なし。結句分国境目に至って乱入の由、是非無く候。しからば、信濃国諸侍の事、弓矢半《なか》ばの由に候間、始末景虎意見を加うべきの段、肝要に候」と御内書を下して、信濃国の諸侍へ謙信の命令を聞いて戦闘を停止するよう命じた。

この頃、信玄は川中島の拠点として海津城（長野市松代町）を築き、高坂昌信に守らせた。一方で夫人の妹である三条公頼《きんより》の三女が石山本願寺顕如《けんにょ》の妻になっていた関係を利用して、本願寺と連絡を取り、加賀・越中の一向宗門徒に謙信が留守の越後をねらわせた。また十月十七日、越中井波の瑞泉寺（富山県南砺市）の執事上田藤左衛門に書を送り、神保氏と謀って越後に侵入するように命じた。

関東で正月を迎えた謙信は永禄四年（一五六一）三月、北条氏の小田原城を包囲したが、氏康が城中に籠もったまま出て戦わなかったので、兵を納めて鎌倉に引き上げ、閏三月十六日、鶴岡八幡宮の社前で関東管領の就任報告と、上杉氏の襲名式を行った。

信玄は謙信の軍事行動を牽制するために、北信の武士を海津城（長野市松代町）に集めた。そして氏康の求めに応じて援軍を小田原に送るとともに、四月には碓氷峠を越えて上野の松井田（群馬県安中市）に陣を進め、借宿《かりやど》（吾妻郡長野原町）に放火などして撹乱工作をした。

永禄四年六月下旬、謙信は関東から越後に帰った。その後、陸奥会津の蘆名盛氏、出羽の大宝寺義増に援軍を求め、八月二十九日に長尾政景を留守大将にして春日山城（上越市）を守らせ、大軍を率いて信濃に出陣した。一方、信玄も越後勢が信濃に入ったとの情報が伝えられると、海津城救援のために大軍を率いて北信濃に進んだ。

九月十日に両軍が川中島で激突した。これが川中島の合戦として人口に膾炙《かいしゃ》する戦いである。

10　激突川中島――死闘十時間にわたる――

川中島合戦は世間であれだけ有名なのに、当時の戦況を伝える史料などが残っていない。戦争状況を示すのに使われるのは、江戸時代に書かれた『甲陽軍鑑』である。そこで、これをもとに戦争の再現をしよう。あくまでも江戸時代初頭における川中島合戦の理解であるから、記載が事実だとは限らない。むしろ軍記物語として理解して欲しい。

海津城を拠点とする武田勢に対し、上杉勢は小市渡《こいちのわたし》で犀川を渡り、雨宮渡《あめのみやのわたし》で千曲川を越えて、八月十四日に妻女山《さいじょさん》（長野市松代町、場所については諸説がある）に陣を取った。これにより謙信は西南方面から海津城に圧力を加えることができた。

信玄は八月十八日に甲府を発ち、二十四日に妻女山の北西に位置する茶臼山（長野市篠ノ井）に陣をしいたので、上杉軍は越後と分断された形になった。八月二十九日、信玄は茶臼山の陣を払い、妻女山の北方、広瀬渡《ひろせのわたし》から海津城に入った。

信玄は九月九日の軍議で、翌日妻女山を攻撃することを決めた。高坂昌信が先導する飯富虎昌、馬場信春、真田幸隆らの一万二千が十日午前零時に闇に紛れて海津城を出発し、午前六時に攻撃を開始することになった。一方、信玄の本隊八千は四時ころに海津城を出て、広瀬渡を越えて八幡原に本陣を置き、妻女山から北上してくる上杉軍を攻撃しよ

う と戦略を練った。この戦術は「きつつきの戦法」と呼ばれ、山本勘助が提唱したとされる。

明日の用意のために、いつもより多くの炊煙が上がるのを見た謙信は、明日武田軍が動くと判断し、百人を残して、九日午後十一時ころに全軍を率いて妻女山を発ち、「鞭声粛々《べんせいしゅくしゅく》」（これは頼山陽が「不識庵機山を撃つの図に題す」で詠ったもの）雨宮渡を越え千曲川を渡った。ここで直江実綱（景綱）の小荷駄隊千人を丹波島に先行させ、甘糟長重の千人を千曲川のほとりで武田軍の迂回してくる勢に備えさせ、主力一万は丹波島の渡に向かった。

上杉軍の本隊は柿崎景家を一の先にして九月十日早朝、千曲川を渡って八幡原（長野市小島田町）で武田軍と激突した。『甲陽軍鑑』は、「謙信旗本《はたもと》にて、信玄公味方の右の方へまわり、義信公の旗本五十騎、雑兵四百余りの備えを追っ立て、信玄公の旗本へ謙信の旗本伐り懸かり、敵味方三千六七百の人数入り乱れて、突きつ、突かれつ、斬りつ、斬られつ、互いに具足のわたがみ（鎧や具足の胴の両肩にかける部分）を取り、相組んで転ぶ者もあり、首を取って立ち上がれば、その首を我が主なりと名乗りて、鑓を持ちて、突き伏せ候を見ては、またその者を斬り伏せ候」と、すさまじい戦争の状況を記述している。

不意を突かれた武田軍は、この戦いで信玄の弟の信繁が戦死し、室住《もろずみ》虎定・初鹿野《はじかの》源五郎・油川《あぶらかわ》信連・三枝《さえぐさ》守直など、有名な武将も多く戦死した。山本勘助も華々しい討ち死にを遂げたという。信玄は腕に浅い傷二ヶ所、嫡男義信も二ヶ所の傷を負った。大将がこんな状況であるから、いかに武田軍が危うかったか想像できよう。

最初苦戦した武田軍は、妻女山に向かった一軍が午前十時ころに駆け付けたために、攻勢に転じた。挟撃された形の上杉軍は次第に追いつめられ、大塚、丹波島付近で犀川を渡って、善光寺方面へ退却した。

信玄は八幡原に踏み止まって、午後四時ころに勝ち鬨をあげさせた。前半の上杉方有利の戦いが約四時間、後半の武田方有利の戦いが約六時間、これほど長い時間、両軍の死闘が続いたのである。『甲陽軍鑑』は、「その合戦、卯の刻(午前六時頃)に始まりたるはおおかた越後輝虎の勝ち、また巳の刻(午前十時頃)に始まりたるは甲州信玄公のお勝ちなり」と評している。

武田軍の死者は四千六百三十人以上、負傷者は七千五百人にも及んだ。上杉方は死者三千四百七十人、負傷者は九千四百人を数えたという(ただしこの人数については異同がある)。戦死者の数は双方合わせると実に八千百人以上であるから、いかに双方とも消耗したかがわかる。

11 最後の川中島の戦い ――六十日にも及ぶにらみ合い――

永禄四年（一五六一）十一月、信玄は上野に出兵して上杉方の倉賀野《くらがの》城（群馬県高崎市）を攻めた。一方、謙信は下総の古河城（茨城県古河市）に滞在していた近衛前久の求めに応じて関東に出陣し、武田・北条の連合軍と戦って越年したが、その後武田軍が越後に侵入する構えを見せたので、三月に関東から越後に引き上げた。

永禄五年（一五六二）秋、信玄は西上野の諸城を攻めて、九月に信濃に帰り、十一月に北条氏康とともに上野・武蔵の上杉方の城を攻略し、松山城（埼玉県比企郡吉見町）を包囲した。松山城救援に謙信も出陣したが、武田軍は永禄六年二月に至って松山城を落城させた。

謙信は、北条氏康によって下総古河を追われ、里見義堯《よしたか》のもとに身を寄せていた足利藤氏《ふじうじ》のために、古河城を奪い返そうとした。この間に信玄は奥信濃の飯山城（飯山市）を攻め、さらに越後に侵入しようとしたが、謙信が佐野（栃木県佐野市）の囲みを解除して退散したとの情報が入ったので、出兵を延期した。謙信は四月二十日に上倉下総守等の飯山口の備えの失態を諫め、警戒を厳重にさせ、六月に越後に帰った。

同年十二月、武田・北条の連合軍が、またしても上野の上杉方諸城を攻めたので、謙

飯山城跡（著者撮影）

信も関東に出陣し、翌永禄七年四月上旬まで各地を転戦した。謙信は五月に至り、将軍義輝の調停により北条と和睦し、一連の作戦を中止した。

永禄七年（一五六四）、信玄は密使を会津黒川の蘆名盛氏に派遣して、彼を北から越後に侵入させ、自ら川中島方面より春日山城を突き、越後を挟み撃ちする計画を立てた。三月十八日、武田軍は越後の国境に近い野尻城（上水内郡信濃町）を攻略し、越後領内に乱入して村々を焼き払った。呼応した盛氏も四月に軍を派遣して、越後菅名《すがな》荘（新潟県五泉市付近）に侵入させたが、慌てて帰国した謙信の軍に敗れてしまった。また野尻城も奪回されたため、信玄の計画は失敗に終わった。

この頃、飛騨国では桜洞《さくらぼら》城（岐阜県下呂市萩原町）の三木《みつぎ》良頼が広瀬高堂《たかどう》城（高山市）の広瀬宗《むねなり》城と争っていたが、高原《たかはら》諏訪城（飛騨市）の江馬《えま》時盛は宗城を支援し、両人で信玄に援助を依頼した。対する良頼は時盛の子の輝盛と結んで謙信を頼った。信玄が飯富《おぶ》（山県）昌景を派遣して宗城らを助けたので、信玄の勢力が飛騨に及べば越中までがねらわれ、背後から越後が突かれる危険も出てくるため、謙信は越中の武士たちに良頼らを援助させた。こうした状況下で、謙信は川中島に出陣を決心した。

謙信は七月下旬に春日山を出発し、二十九日に善光寺に着いた。八月一日、願文を更級郡八幡社（千曲市、武水別神社）に納めて信玄の撃滅を祈り、三日に犀川を渡って川中島に陣を張った。翌日、書状を常陸の佐竹義昭に送り、川中島出陣を伝えるとともに、義昭にも武蔵・上野境に出兵して北条氏康の軍を牽制して欲しいと依頼した。

信玄は軍を深志（松本市）方面から北上させて塩崎（長野市）に出たが、謙信と敢えて戦おうとしなかった。謙信も川中島の地がすでに信玄の支配地になっていたので、無理な攻撃を避けた。こうして両者の対陣は前後六十日にも及んだ。そのうちに関東で下野佐野（栃木県佐野市）の佐野昌綱が、謙信に反旗を翻して北条氏康に通じたとの知らせが入ったために、謙信は飯山城を修築して目付を置き、信玄の軍に備えさせて、十月一日に春日山城に帰った。

以後、信玄と謙信は激しく戦うことがなかった。

二　真田氏の合戦

1　信玄と結んだ真田幸隆――幸隆の謀略と村上義清――

川中島合戦に真田幸隆はどのような動きをとっていたのだろうか。改めて彼の側から、川中島合戦をとらえてみよう。

『甲陽軍鑑』には必ずしも事実が書かれているわけではないが、武田氏の関係者が書いたので、多くの情報がこめられている。他に手がかりがないので、確実な史料を照らし合わせながら、幸隆と信玄の関係を探ろう。同書は上野箕輪《みのわ》（群馬県高崎市）で浪人していた幸隆を信玄が召し寄せて知行を与えたとする。天文十四年（一五四五）五月二十三日、信玄は小諸（小諸市）に内山（佐久市）の城代飯富虎昌、小諸の城代小山田昌辰《まさとき》、そして幸隆を召して、佐久の様子を詳しく聞いた。

史料上における幸隆の初見は、『高白斎記』の天文十八年三月十四日に信玄が彼を通じて望月源三郎へ七百貫文の所領を宛がったとの記載である。幸隆が信玄に臣従した時期は不明である。『甲陽軍鑑』は塩尻峠合戦（この書では天文十四年五月二十三日）の前に信玄が幸隆から情報を得たとあるが、合戦は実際には天文十七年七月十九日だから、七月より前に接触していたはずである。同年二月十四日に信玄が村上義清と上田原（上田市）で戦って敗れ、信玄が傷つき、重臣の板垣信方などが討ち死にしているので、義清と対抗するために、武田軍の中で幸隆の占める役割が大きくなったのではないだろうか。

天文十七年の上田原合戦で武田軍は村上軍に負けたが、『甲陽軍鑑』では合戦があったのが天文十六年八月四日で、武田軍の勝利だったとしている。また、天文十五年十一月三日、幸隆のもとに板垣信方・飯富虎昌・小山田昌辰が寄り合った時、幸隆は「私が晴信公を大切に思っていることは、皆様に劣らない」などといった。彼は自分の勢力拡大を信玄にかけたのだから、間違いなく信玄が大切だったはずである。

続けて、「村上義清が越後へ通じようとしたが、義清が取って持っている越後一郡を謙信へ返すかどうかで折り合いがつかず、講和できなかった。義清が欲を離れれば、即座に両者は結びつく。そうなって義清が強くなれば、伊那や松本・木曾などの者たちも力を持ち、信玄は信濃で勢力を広げることができない。萩原常陸殿の武略によって信虎様は二千の人数で、一万余りの敵を五千ほど討ち取った（大永元年〔一五二一〕の飯田河原合戦をさす。一二一頁参照）というが、自分も調略をしてみたい」と主張し、受け入れられた。

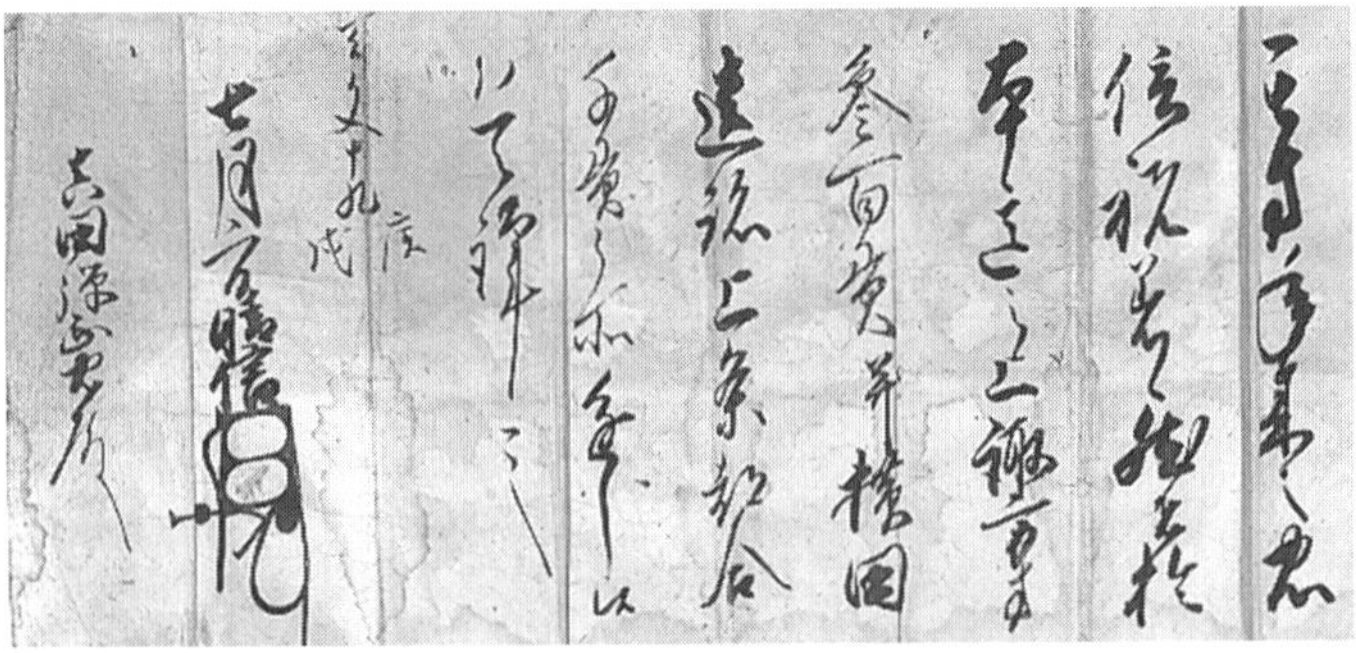

武田晴信書状（天文19年7月2日付・真田宝物館蔵）

幸隆は家臣の須野原《すのはら》若狭と同惣左衛門の兄弟を、義清の元へ行かせ、「幸隆を裏切り真田の城を取ってみせるので、よい武士を五百人選んで寄こして欲しい」と申し入れ、旗本・家老の内で優秀な者を真田の館に連れて来させた。幸隆は謀略によりこの五百人を殺した。義清が有力武士を失ったため、信玄は翌年の上田原の合戦で勝つことができたのだという。どう考えても事実とは考え難い内容である。

『甲陽軍鑑』によれば義清は武田軍に負けて越後へ走り、「取って持っている越後の所領を進上して、謙信を頼み、信濃へ帰参したい」と求めた。謙信は「今年から信玄と戦争を始め、村上殿を更級の郡へ帰してやるように考えたい」と応じ、これが川中島合戦の原因になったとする。もとよりこれはフィクションであるが、義清が信濃を去った原因に、幸隆の謀略が大きかったことを象徴的に示している。

真田家文書中に、天文十九年七月二日付で信玄が幸隆に、「その方年来の忠信《ちゅうしん》、祝着に候、しからば本意の上において、諏方《（小県郡）》方参百貫ならびに横田遺跡上条、都合千貫の所これをまいらせ候」と、自分思う通りになったら千貫の地を宛がうと約束した判物《はんもつ》がある。土地をえさにして幸隆のやる気を強くさせ、彼を利用して小県方面をねらおうとする信玄の意図が読みとれる。

2　川中島合戦の出発点――戸石城乗っ取りと葛尾城落城――

『甲陽軍鑑』は、上田原合戦で村上義清が敗れて越後に走ったのが川中島合戦の出発点だとしているが、実際には武田軍が敗れ、その後も武田の敗戦が続いた。

『高白斎記』によれば、天文十九年（一五五〇）八月、武田軍は村上義清の小県郡支配の拠点となっていた戸石城（上田市）を攻めるために出陣し、十九日に長窪（小県郡長和町）へ着陣した。そして二十八日に戸石城の城ぎわに陣をすえ、二十九日に矢を戸石城に射かけた。九月一日申刻（午後四時ころ）に村上氏の支族清野《きよの》氏が信玄のもとに出仕してきた。三日に武田軍はさらに城近くへ陣を寄せ、九日の酉刻（午後六時ころ）から城を攻めたが、城はいっこうに落ちなかった。九月十九日になると須田新左衛門が武田信玄に服属すると誓ってきた。

二十三日寅刻(午前四時ころ)になって清野方から信玄に、「高梨政頼と村上義清が和談して、昨日武田方の寺尾(長野市松代町)の城に攻撃してきたので、真田幸隆を援助に派遣して欲しい」といってきたので、幸隆をおもむかせた。二十八日の子刻(深夜零時)に真田幸隆が帰陣した。結局このままでは戸石城を攻めきれないと判断した武田軍は、晦日に馬を納める相談をし、十月一日に兵を引いたが、背後から攻撃を受け、横田高松をはじめとして多くの重臣を含む千人ほどが戦死した。いわゆる戸石崩れで、信玄の一代にない失敗とされ、信州における武田軍の代表的な敗戦である。

いずれにしろ、戸石城攻撃の軍の中に真田幸隆もおり、すでに力を持つ者として知られていたことが、確実な史料から知られる。小県の出身で、地域をよく知り、血縁関係などで人とのつながりも多かった幸隆が、この戦いで信玄に重用されていたのである。

戸石城での勝利に勢いを得た村上義清は、府中(松本市)の小笠原長時を支援したので、中信地方においても武田軍は防戦に努めねばならなくなった。それだけでなく、義清は十一月十三日に佐久郡の桜井城(佐久市)を攻めたので、東信地方にも武田軍は受け身にまわらねばならなくなった。史料は残っていないが、幸隆も佐久郡で義清軍と戦ってい

義清の本拠だった葛尾城跡遠望（著者撮影）

たものであろう。

信玄が天文二十年三月十日、天文十六年から甲府に来ていた大井貞清に内山城（佐久市）を守るようにと命じたので、二十七日は貞清が甲府を発ち、二十八日に着城した。

『高白斎記』によれば、そうこうしているうちに天文二十年五月「二十六日節、砥石ノ城真田乗取」と、戸石城を真田幸隆が乗っ取ってしまった。昨年あれだけ時間をかけても落とせず、退却しようとした時に大敗を喫せられた村上義清の戸石城が、あっけなく幸隆の手によって落とされたのである。

信玄は幸隆に、天文十九年七月二日「本意の上、諏方（訪）方（小県郡）参（三）百貫ならびに横田遺跡上条、都合千貫の所」を与えると約束をしていたから、幸隆は所領を得、この時までに以前住んでいた真田も奪還して、武田家の武将としての地位を確立したと思われる。

戸石城落城から二年後の天文二十二年四月九日、辰刻（午前八時ころ）に義清は本拠葛尾城（坂城町）を自ら落城させ、上杉謙信を頼って越後に去った。

『甲陽軍鑑』は上田原合戦に際し、村上義清が「小県の真田弾正、晴信に取り立てられ、譜代の者どもより晴信のためを大切に存じ、それがし家の久しき覚えの者どもを調儀を仕り、数多むざむざと殺され」と評したと記している。おそらく戸石城や葛尾城の落城に際して、幸隆は義清の家臣たちを謀略により内応させたり、殺したりしたために、村上軍が戦えなくなった事実を反映しているのであろう。

3 第一回川中島合戦と幸隆 ――信玄の信頼を得て最前線に――

武田信玄が大須賀久兵衛に弘治三年（一五五七）三月二十八日に与えた感状（戦功を賞した文書）の中に、「去る癸丑《みずのとうし》八月越後衆出張の砌《みぎり》、信州布施において頸《くび》一つ討ち捕らえるの条、比類無き戦功に候」とあるので、第一回川中島合戦は天文二十二年（一五五三）八月に布施（長野市）で行われたことが知られる。

ところが『甲陽軍鑑』は、信玄と謙信の最初の戦いを天文十六年十月十九日にあった海野平（東御市）合戦だとする。謙信は十月九日に越後を発ち、信玄の味方になった者の領地を焼いた。対する信玄は十二日に甲府を出発して、十六日に小諸に着き、十月十九日に海野平で合戦となったというのである。この時、真田幸隆は御旗本の本備えを勤めていた。合戦は謙信の負けであった。当然、これは事実ではないが、川中島合戦の初期から真田幸隆が武田軍の中で重要な役割を負っていたことだけは、間違いないであろう。

『甲陽軍鑑』はその後も、天文十九年五月十一日に信玄と謙信が猿ヶ馬場《さるがばんば》（千曲市と東筑摩郡麻績村の境）で対陣したと記している。信玄の右の御先は飯富虎昌、左は小山田昌辰、中は真田幸隆で、いずれも信州先方衆を組み合わせていたとする。

天文二十一年三月八日、武田軍は上杉軍と常田《ときた》（上田市）において戦い、甲州の侍大将である飯富虎昌・小山田昌辰・小山田信有・真田幸隆・芦田信守・栗原昌清といった人々が、謙信の姉婿である長尾政景の人数を食い止めた。この時、小山田昌辰や栗原昌清が討ち死にした。これを見て、旗本前備えの甘利昌忠・馬場信春・内藤昌豊の三手が敵を追い返し、政景衆をことごとく討ち取った。先衆の中の幸隆は引き返して、政景が控えていた真中の備えに切ってかかり、切り崩し討ち取ったために、政景が敗れたという。戦いの事実はともかく、初期の川中島合戦で真田幸隆が大きな働きをしたとの記憶が、人々の間に強くあったことは疑いない。

事実、第一回川中島合戦の直前天文二十二年七月二十五日、武田信玄は飯富虎昌と上原(小山田)昌辰に書状を送り、「急いで出陣するつもりだが、去年の凶事以後はじめての動陣なので、まず士卒を出して、敵の様子を見届け、それから出張したい。昨日武田信繁その他の者がことごとく出立した。自分も今日若神子《わかみこ》(山梨県北杜市)に馬をたてた。二十八日には必ず出馬する。この内容を真田幸隆にも伝えて欲しい」と連絡している。飯富虎昌は信玄輔弼の臣で、内山城を守るなど信玄の信濃侵略の最前線にいた人だった。上原昌辰は後の小山田昌辰で、武略があり守備に優れていたため、はじめて属した城や新築の砦には、まず彼を入れて守らせたといわれる。この二人の方から幸隆に伝えて欲しいというのであるから、幸隆は信玄の信頼を得ながら、対上杉謙信の最前線にいたと推察される。

それから間もなくの八月十日、信玄は幸隆の子供が甲府に在府する費用として、秋和(上田市)において三百五十貫文の地を真田方へ遣わした。信玄の意を受けてことに当たったのは小山田昌辰だったことが、『高白斎記』に記されている。土地を与えているので、あたかも恩賞のように理解してしまうが、実際には子供を信玄の手元に差し出した代償なので、人質を差し出して得た地である。信玄としては幸隆が謀反を起こしにくいようにと、このようなことをしたのだろう。

この時、甲府に呼ばれたのは三男の昌幸だった。彼は信玄の奥近習衆となり、信玄母方の大井氏一族の武藤氏を継いで武藤喜兵衛と称した。同じように四男の信昌も加津野《かづの》氏の養子となり、加津野市右衛門《いちえもん》といった。そして両人とも信玄のそばに仕え、武田家臣の中軸として育っていった。

4　続く川中島合戦と幸隆　——東条城守備の大役——

第二回川中島合戦は弘治元年（一五五五）七月十九日に戦われたが、この時に真田氏の一族がどのような役割を果たしたかは不明である。

弘治二年八月八日、武田信玄は真田幸隆と某（昌幸か）にあてて、「東条《ひがしじょう》にある尼巌城《あまかざり》（雨飾城）の攻撃はどうなっているか、少しでも早く落城させるように勤めて欲しい。こちらは両日人や馬を休めているが、そちらからの便りが来たらすぐに軍を動かす。その方は遠慮無く策略をめぐらすことが肝要である」といった内容の書状を出している。

尼巌城は長野市松代町東条にあり、標高七百八十メートル、比高四百十メートルという高い山の上に位置する。この城からは善光寺平はもちろんのこと、小県郡境まで見通すことができ、周囲を見張るには最適の場所である。山麓に小県郡へ抜ける地蔵峠道が走っていたから、この城を取ることは交通路を押さえるのにも大きな意味を持った。尼巌城が真田氏によって攻撃され落城したため、城主の東条信広は越後に逃れた。

川中島では直接武田軍と上杉軍が戦わなくても、双方が勢力を拡大するために代理戦争を続けていた。幸隆は信玄の意を受けて武田方の勢力拡大に努め、敵方の城を必死になって攻撃していたのである。

弘治二年八月二十五日、信玄は西条《にしじょう》治部少輔に書状を送り、「東条城（尼巌城）の普請について頼みたいと手紙を出したところ、これに応じ御自身で着城して頂き、辛労の至りである。特に去年から郷里に戻ることもなくいまだに安居できないのに、このようなことになり、誠に感謝のしようがない。さらに力を尽くして頂けたならば、嬉しく思う」といった内容を伝えている。信玄は新たに手に入った尼巌城を修築していたのである。

その後、弘治三年四月から八月にかけて第三回川中島合戦があったが、この間の真田氏の動向は不明である。

弘治四年（永禄元年・一五五八）四月に信玄は謙信の攻撃に備えて、籠城衆の番手を定めた印判状を出した。そこには柏鉢《かしわばち》（長野市）の籠城衆として室住豊後守（虎定）・箕輪衆・

尼巌(東条)城跡遠望(著者撮影)

水上六兵衛・坂西《ばんざい》、東条籠城衆として在城衆・真田・小山田備中守(昌辰の子供の昌行)・佐久郡北方衆、大岡(長野市)籠城衆として梅隠斎《ばいいんさい》(市川等長《とうちょう》)・青柳が記され、敵が動いた場合、この人数が当番に当たっていたならば、そのまま籠城せよ。もし大手の備え衆が当番だった場合には、ここに書いた人たちがそちらに移り、その他の者は大手に集まるようにせよ、と命令されている。

柏鉢城は虫蔵山《むしくらやま》の西尾根、標高千四メートルの位置に築かれた城である。中世ではこの麓を鬼無里《きなさ》や戸隠に向かう道が走っていたので、信越国境に向かう交通の要地を押さえることのできる城であった。大岡城の位置ははっきりしないが、その候補にあげられるのが砦山《とりでやま》城である。麻績村方面から長野市信州新町の牧之島に続く往還沿いにある。

東条城をあわせて三つの城を見ると、信玄は善光寺平とつながる交通の要衝をしっかり警備させたことになる。善光寺平にはまだ武田の勢力が及んでおらず、防衛線を張る方に重点が置かれていたといえるだろう。

三つの城の中では東条城だけが、善光寺平を直接望むことができ、川中島につながる。それだけ重要な城だったので、信玄はその守備を信州の重鎮である幸隆に任せたのであろう。

5　信玄が真田幸隆にあてた書状——海津城の普請と謙信の動向——

有名な第四回川中島合戦の前、真田幸隆はどのような動きをしていたのだろうか。その状況を伝えるものに、武田信玄が幸隆にあてた書状がある。（一八〇頁 写真参照）。

風聞の如くんば、景虎飯山へ相移るの由に候。時宜《じぎ》如何にも心もとなく存じ候。申すに及ばず候と雖《いえど》も、在城衆と談合有り、城中堅固の備え尤もに候。はたまた、番中相当の普請御挊《かせ》ぎ肝要たるべく候。この趣原与右衛門方へ伝言たのみ入り候。恐々謹言。

「最前より御判これ無し」（別筆）

十月二十七日
真田弾正忠殿　　四角く切り取った跡

信玄の花押部分は切り取られているが、文書は間違いのないものである。これを訳すと次のようになる。

うわさによると、景虎（謙信）が飯山（飯山市）へ移ったとのことである。状況からして大変心配である。申し上げるには及ばないと思うが、在城衆と相談して、城中を堅固にして、敵の襲来に備えるようにせよ。あるいは、城の番をするに際しても、相当の城普請をすることが大切である。この内容について、原与右衛門の方にも伝言を頼む。

年号は記されていないが、米山一政氏は、景虎が永禄五年（一五六二）に輝虎と改名すること、原与右衛門が永禄初年から海津城二之丸に在城したこと、永禄元年四月に幸隆が埴科郡東条籠城衆の番手に加えられていたことから、永禄三年の海津城普請に従事していた幸隆にあてたものであろうと推定している。

文面からして、信玄がいかに謙信の動向に気をつかっていたかわかる。そして文書が

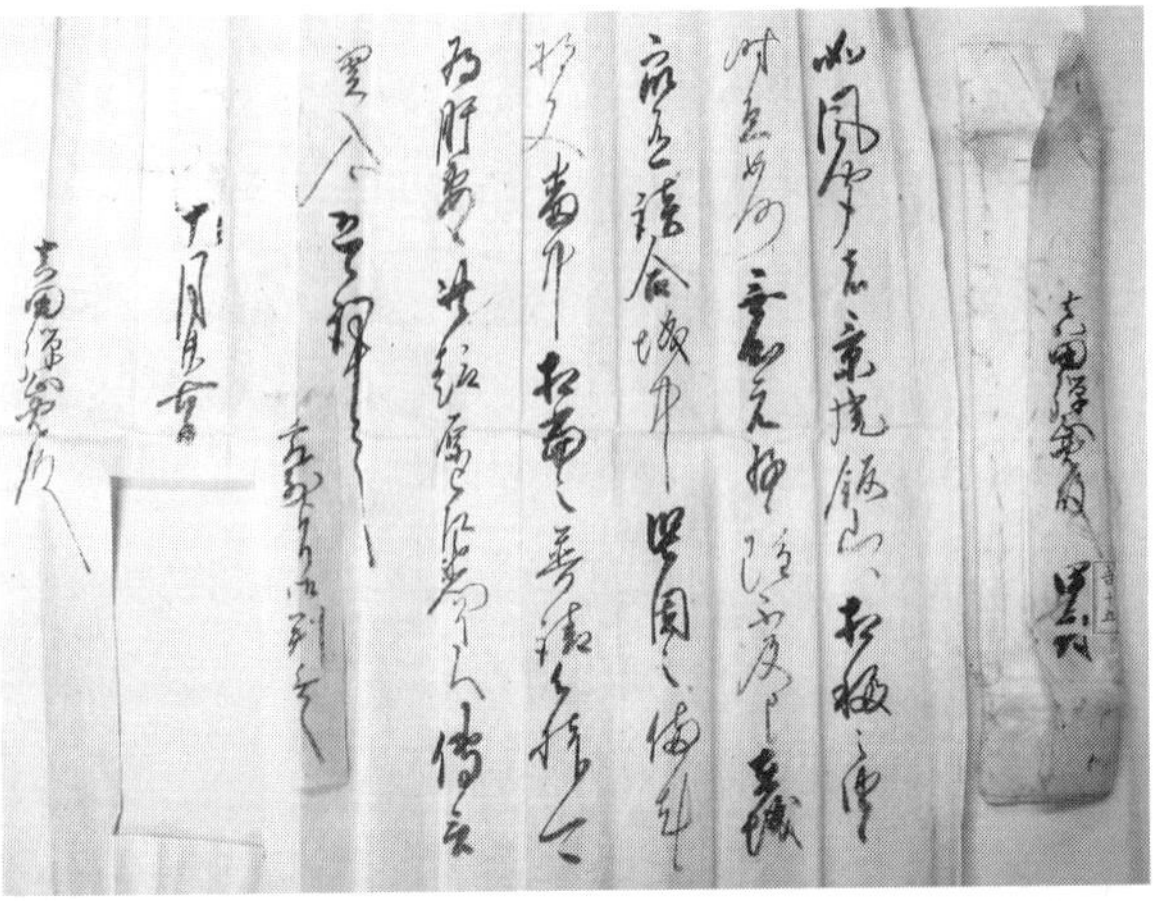

信玄が幸隆に出した書状（永禄3年10月27日付・真田宝物館蔵）

海津城築城に関係しているのなら、このころまでに信玄は尼巌城という防御を中心とした城の重視から、領域の統治を考え、川中島合戦全体を見回して海津城を築こうと意図していたことになる。海津城は後の川中島合戦でも大きな意味を持つ特別な城になっていった。

幸隆の動向でもう一つ注目されることがある。それは永禄三年霜月十三日、関東管領に任じられた謙信（当時は長尾景虎）に祝の太刀を贈ったことである。上杉家文書の中の「越後平定以下祝儀太刀次第写」によれば、謙信が関東管領に任じられて、京都から帰国すると、村上義清より出浦蔵人頭、高梨政頼より草間出羽守を使者として、太刀が贈られてきた。また、御太刀持参の衆として「栗田殿・須田殿・井上殿・屋代殿・海野殿・仁科殿・望月殿・市川殿・河田殿・清野殿・

島津殿・保科殿・西条殿・東条殿・真田殿・根津殿・室我《(賀)》殿・綱嶋殿・大日方殿」の名前があげられている。

村上義清と高梨政頼は当時謙信の庇護を受けていて、関係も特別であるから、わざわざ使者を送ったのは当然であるが、それ以外に東北信の有力武将たちが、これほど多くお祝いに駆けつけたのである。その中に、信玄の重臣に成長していた真田氏も姿を見せている。関東管領就任は、敵対している者からも祝儀を受けるほどの社会的な大事だったのである。幸隆としては、信玄に属していて謙信と戦っていても戦争は戦争、権威は権威ということで、保険のような意味をこめて謙信と接触したのだろう。この点、後の真田氏の動きに通じるものがある。

6　第四回川中島合戦と幸隆父子――幸隆の負傷と真田軍の活躍――

川中島合戦というと、多くの人が思い起こすのは信玄と謙信の一騎打ちで有名な第四回の合戦であろう。この時、真田氏はどのような行動を取っていたのだろうか。

『甲陽軍鑑』によれば、永禄四年（一五六一）八月十六日に謙信が一万三千ばかりの人数で、海津城の向かいの妻女山に陣取って、海津城を攻め落としそうだと連絡を受けた武田信玄は、八月十八日に甲府を発ち、二十四日に川中島へ着いた。謙信の陣所である妻女山のこなた、雨宮渡（千曲市）を取り、謙信に対陣したのである。謙信の軍勢は越後への通路を止められ、あたかも袋に入れられたような状態になった。しかし、謙信は愁いを見せることもなかった。二十九日に信玄は広瀬渡を渡って、海津の城へ兵を引き入れた。

信玄は山本勘助を呼んで、謙信との一戦について、馬場信春と両人で談合し、明日の備えを定めよと命じた。勘助は「二万の人数の内一万二千で謙信の陣取る妻女山へしかけ、明日卯刻（午前六時ころ）に合戦を始めれば、越後勢が負けても勝っても、川を越して退くだろうから、そこを旗本組の二の備え衆を後先から押し挟み、討ち取るようにするのがよい」と進言した。このため高坂昌信、飯富虎昌、馬場信春、小山田昌行、甘利昌忠、真田幸隆、相木、芦田信守、小山田信茂、小幡憲重、この十頭で妻女山へ攻撃を加え、卯刻に合戦を始めることが決まった。

上杉家歴代藩主の年譜である『上杉年譜』には、「先陣、高坂弾正忠（昌信）・布施大和守・落合伊予守・小田切刑部大輔・日方大蔵助・室賀出羽守・春日源五郎、次ニ真田一徳斎（幸隆）・同源太左衛門（信綱）・保科弾正（正俊）、後詰めニ八、海野常陸介・望月石見守・栗田淡路守・屋代安芸守、浮武者ニ八、仁科上野介・根津山城守、弓矢総武行ニ八、信

玄ノ弟武田左馬頭（信繁）・小笠原若狭守・板垣弥次郎（信憲）、信玄籏本ノ旗頭ニハ、山県三郎兵衛・馬場美濃守・七宮将監・大久保内膳・下島内匠・小山田主計助・山本勘助・駒沢主税等ナリ、総兵一万六千余人ト記録セリ」とある。

いずれにしろ、真田家は父子で川中島合戦に参陣していた。真田軍は妻女山攻撃に向かったが、武田軍の計略を見抜いた謙信が前夜のうちに山を下りていたので、上杉軍はいなかった。このため妻女山攻撃部隊は本隊の動向を気にしながら、空しく山を下りてきた。岩国歴史美術館所蔵の『川中島合戦図屏風』には、この時の情景が描かれている。山の間に見える六文銭の旗印が真田幸隆隊の象徴である。その背後に位置する赤と白の段々の旗は甘利昌忠隊を示す。

一方、上杉方の側から見た『川中島五戦記』では、信玄と謙信の一騎打ちが天文二十三年（一五五四）八月のこととなっている。謙信は越後を発ち八千の兵で犀川を越え、綱島・丹波島・原の町に陣取った。八月十五日に信玄も川中島を通り、海津城へ着いた。十六日に武田軍が人数を押し出したが、二の手は真田幸隆ほか四頭その勢二千だった。実際の戦闘は八月二十八日の曙からはじまった。武田勢は先手が打ち負け、追い立てられた。これを見て真田幸隆・保科弾正（正俊）・清野常陸・市河和泉守が二の手より突いて出た。甲州・越後の軍兵とも互いに名乗りあい、火花を散らして戦った。中でも真田幸隆は負傷して戦場を避けたところを、上杉方の高梨源五郎頼治と名乗る者に組みかかられ押し伏せられて、鎧の脇板のすき間を二刀刺された。そこへ保科弾正が戻ってきて、「真田を討たすな兵ども」と号令をかけた。真田家臣の細谷彦介は高梨源五郎を草摺りのはずれ、膝の上から打ち落とし、主の敵を片づけた。真田軍はこの時の合戦で大活躍をしたというのである。

ちなみに、『川中島五戦記』では信玄と謙信は御幣川《おんべがわ》（犀川から分流して千曲川に合流していた川）の中で戦い、謙信が二太刀斬りつけたことになっている。

7 その後の動き——上野で上杉軍と戦い続ける——

第四回川中島合戦以後、幸隆はどうなったのであろうか。真田氏は上野に大きな勢力を持つが、これ以降そうした動きがはっきりしてくる。

永禄六年（一五六三）十月、幸隆は岩櫃城（群馬県吾妻郡東吾妻町）を陥落させた。『加沢記』によれば、この時幸隆は武田信玄によって吾妻郡の守護に任じられ、地侍を預けられたという。いよいよ真田氏が国を越えて領域支配を開始したのである。

永禄七年三月十三日、信玄が清野刑部左衛門尉に「越後衆が沼田（群馬県沼田市）まで出張するとのことなので、甲斐国から曽根七郎兵衛をそちらに派遣する。だから早々に長野原（吾妻郡長野原町）の辺に着陣し、真田幸隆の指図に従って岩櫃（東吾妻町）へ移るように。その方は近日奥信濃から帰って来たばかりなのに、このような命令とは、誠に申し上げにくいが、急いで出陣して頂けたら偏に忠信である。なお、敵の出張のことについて、本当かどうか真田幸隆のところまで行って、聞き届けよ」と命じている。川中島合戦は次第に信濃の北部へと戦線が移り、これまで信濃で軍事の一翼を担っていた幸隆も上野に主戦場を替え、信玄の上野侵略の中心者となっていたのである。

永禄七年五月十七日、信玄は鎌原《かんばら》宮内少輔重春に書状を送り、「倉賀野《くらがの》（高崎市）・諏訪・安中（安中市）の苗代をなぎ払い、武州本庄（埼玉県本庄市）などまで放火した。出馬しなければいけないだろうが、そちらに別状無いようなので、来月下旬に出張することにして今日平原（小諸市）まで陣を帰した。そちらの番衆については、海野・祢津・真田の衆を申し付ける」などと連絡した。真田氏は上野で活動を続けていたのである。

永禄七年（一五六四）七月二十九日に上杉謙信は川中島に着陣した。八月になると武田信玄も塩崎（長野市篠ノ井）まで兵を進め、謙信と対峙した。八月二十四日に謙信は蔵田五郎左衛門に信玄の動向を伝え、越後府内および春日山の用心をしっかりするように命じた。しかしながら直接の衝突がないまま、飯山城の普請ができあがったので、十月一日に謙信は春日山に帰った。これが第五回川中島合戦であるが、このときには真田氏は上野にいたままだったと思われる。

永禄七年十月二十五日、信玄は小山田昌行と同菅右衛門《かんえもん》に書状を送り、「岩櫃からの注進によれば上杉軍が沼田に移るとのことだが、万一西上野に攻め込むようなことがあれば、北方衆はことごとくそちらへ移るように申し付けた。また佐久郡の同心衆や松井田の地衆を集めて、城内・根小屋《ねごや》等を堅固に守備するように」と指令した。

永禄八年正月に信玄が兵を信濃から上野の岩櫃に進め、沼田城をうかがう姿勢を見せたので、八日に謙信は沼田城を守る松本景繁などに守りを厳重にするようにと連絡した。一方、信玄は二月七日に上野箕輪城を攻略しようとして、諏訪社上社および佐久新海明神に願文を納めて戦勝を祈った。その後、信玄は信濃から上野に入り、倉賀野城を陥れ、さらに長野業盛《なりもり》を箕輪城に攻めようとした。一方の謙信は六月二十五日に小泉城（群馬県邑楽群大泉町）主の富岡重朝に業盛を支援させ、自らも信濃に出陣して信玄を牽制しようとした。七月二十三日改めて富岡重朝に、明日信濃へ攻め込むことを伝えている。

永禄八年十一月十日以前、上野の池田佐渡守が幸隆を介して信玄に属した。幸隆は上野でも武士たちへ工作をして、信玄に臣従させていたのである。十一月十二日、信玄は日向是吉に「秩父からの連絡によれば、謙信が必ず上州に出陣してくるということなので、大戸（吾妻町）を経略することについて、真田幸隆と相談するように」と、命じた。

真田氏は川中島合戦が終わってからも、上野において上杉軍と戦い続けていたのである。

三　合戦の背後に

1　戦場の神に願う謙信――正義の主張――

川中島合戦についていろいろ触れてきたが、もう少し具体的に上杉謙信と武田信玄の動きを、古文書などから確認し、当時の人々の考え方などに迫っていきたいと思う。なお、ここでは以前すでに触れた古文書も、再度取り上げる。

弘治三年(一五五七)、川中島合戦を前に謙信(長尾景虎)は更級郡八幡宮(武水別神社、千曲市)御宝前に、次のような願文を捧げた。なお、前半の神社の由緒を記した部分は略す。

ここに武田晴信と号する佞臣有りて、彼の信州に乱入し、住国の諸士ことごとく滅亡を遂げ、神社仏塔を破壊し、国の悲嘆累年に及ぶ。何ぞ晴信に対し、景虎闘諍《とうそう》を決すべき遺恨なからん。よって隣州の国主として、或いは恨みを後代鬼神に誓い、或いは眼前に棄て難き好《よしみ》あり、故に近年助成に及ぶ。国の安全のため軍功を励むところ他事無し。神は非礼を受けず。たとえ晴信渇仰《かつごう》の志ありと雖も、既に国務を奪わんがため、故なく諸家をして罪なく悩乱せしむ。万民争《いかで》かその感応に預からん。伏して冀《こいねが》わくはこの精誠の旨趣照鑑《しょうかん》を垂れよ。景虎一団扇《だんせん》を以て、当国本意の如く静謐《せいひつ》し、天下に家名を発し、立願成就に於いては、この国に至り一所を当宮に寄附し奉り、いよいよ以て丹誠を抽《ぬき》んずべし。殊に宮体堅固、武運長久、しかのみならず、東左右前南北後西、この威風を以て、信・越両国永く栄花を楽しまん。よって願書件《くだん》の如し。

弘治三年　　　　　　　　　長尾弾正少弼
　正月二十日　　　　　　　　　平景虎
八幡宮
　御宝前

謙信は信玄（晴信）の動きに触れ、なぜ自分が信玄と闘わねばならないかを述べる。その後に神への願いが示されるが、一部分を訳すと、次のようになる。

神は礼に外れた者を受容されないはずである。たとえ武田晴信に神を深く信じて仰ぐ気持ちがあったとしても、すでに信濃国の政務を奪おうとして、理由もなく罪もない諸家を悩ませ苦しめている。何卒万民の信心が神霊に通じて、神様の庇護を受けられるように。伏してこの真心を汲み取って力を示して頂きたい。すなわち景虎の軍配団扇の指揮に従って信濃国が自分の本意のように穏やかに治まり、天下に我が家名を現すことができるようお願いする。もしこの立願を成し遂げることができたならば、信濃の中で一箇所をお宮に寄付し、これまで以上に誠の心を、他の人より神様に捧げる。

この願文は上杉氏とその家臣の家の古文書を筆録した『歴代古案《れきだいこあん》』（米沢市立図書館蔵）という書物の中に採録されているだけで、実物は伝わっていない。

願文がわざわざ武水別神社に奉納されたのは、社殿が戦場となる場所にあるので、戦いの現場に鎮座する神の力を借りたいと謙信が考えたからであろう。謙信がここで主張したいのは、自分がいかに正義の人であるかである。これによって神様も自分を助けるはずだとの思いが強く出ている。自分の思う通りになったら、信濃で領分を寄付すると、神様の心をくすぐることを忘れない。何としても神様を味方につけたいのである。要するにこれは謙信の神様に対する自己宣伝文だといえる。

2　重ねて神に願う謙信――神仏の庇護により必勝を――

上杉謙信（長尾景虎、輝虎）は弘治三年（一五五七）五月十日、小菅山元隆寺《がんりゅうじ》（飯山市瑞穂）に願文をしたためた。前半には寺の来歴を記しているが、その後に次のように記している。訳文をつけないのでカッコ内は意味を取るために入れた。

伏して惟《おもん》みるに、武田晴信（信玄）世《よよ》甲・信に抛り望を競い威を振るい、干戈息《や》むなし。越後国平氏の小子長尾景虎、去る夏以来高梨（政頼）等のため、しばしば諸葛《しょかつ》（諸葛孔明）の陣を設くと雖も、晴信終に兵を出さず。故に鉾戦《ぼうせん》を受くるに能わず。これにより景虎暫《しばら》く馬を飯山の地に立て、積年の憤を散ぜんと欲す。吉日を涓《えら》び良辰を取るに暇なく、意《こころ》群凶を平げ升康《しょうこう》（小康、騒ぎがしばらくおさまること）を見るにあり。明日速に上郡に赴き、兵馬を進めんとす。願わくは當山の仏慈により、逆賊を芟夷《さんい》（賊を平らげること）せんがため、義を以て不義を誅すること、なお江河《こうが》を決し爝火《しゃっか》に灑《そそ》ぐが若《ごと》くならんことを。朽索《きゅうさく》（腐った縄）の奔駕《ほんが》（走っている乗り物）を懼《おそ》るるに似たり、豈克《あによ》く勝たんや。古謂うところ能く天下の憂を除く者は、すなわち天下の楽を享《う》けんと。誠なる哉この言や。坂将軍（坂上田村麻呂）法力を仮り以て辺垂《へんすい》（辺境）

を劉《ころ》し、隋の高帝仁祠を建てて戦場を変ず。豈今日の利ならんや。昔年において又然り。嗟呼《ああ》智剣を揮《ふる》うに非ずして、何ぞ稠林《ちゅうりん》（密生した林）を剪らん。他日請うて仏日の光威を扇ぎ、併せて敵国兵焔を滅さば、すなわち諸将群士共に慈海の無辺に濡《うるお》い、千門万戸壽木《じゅぼく》（長寿を授けるという木、また人間の生命を樹木にたとえた語）の不老を保つべし。然らば則ち恭しく河中島を分ち、爰《ここ》に一所を献じ、永くこれを寄附し奉らん。宜しく仏恩に報じ不朽に伝うべし。仏誠に霊あり。仰ぎて以て祈請し、伏して以て発願す。

正月に八幡宮にあてた願文と同じく、自分の正当性を主張している。永禄七年（一五六四）八月一日、謙信が更級郡八幡宮にあてた願書には、さらに細かく川中島合戦に赴く理由が記されている。

今、武田晴信は貪無体《どんむてい》、他方の国を捨て、あまつさえ戸隠・飯縄・小菅三山、善光寺を始め、その外在々所々の坊舎供僧を断絶させ、寺社領欠落の故、御供灯明已下怠転し、光塔仏閣伽藍際限なく焼却す。しかのみならず、京家・本家山門領等を押妨し、万人を悩乱せしむ。道俗男女悲歎紅涙《こうるい》し、その滴喩《たと》えるに恒河《ごうが》（無数のたとえ）

小菅神社奥社（飯山市提供）

に異ならず。誠なるかな。濫觴《らんしょう》より事起こるとはこれを謂うか。その上、晴信は齢八十に及ぶ老父を甲国より追放し、為す方もなくして恥辱を顧みず、洛中洛外を迷い歩かす。前代未聞の分野、天下に対し奉り、逆心の人たるのみにあらず、仏法の敵、王法の怨み、結句不孝の族なり。禽獣《きんじゅう》すらなお親子の礼あり、況《いわん》や人倫においてをや。斯《か》くの如くの重科の条々、揚げて算するに足らず。然れども、天罰今に遅々、覚束《おぼつか》なし。ただしその身の時刻到来を期すところか。総体輝虎の事、かつてこの国競望に非ず、仮令に隣州たるにより、小笠原（長時）・村上（義清）・井上（昌満）・高梨（政頼）・島津（忠直）、皆これ累代申し談じ、首尾黙すべきに非ず、彼の面々の本意を抜《ひら》くべき一儀までなり。

謙信はこのように自分が正しいことを神仏に説明し、神の庇護を得て信玄に勝とうとした。彼にとっては戦争は自らの武力だけでなく、背後に控えてくれる神や仏によって勝利が決定するものだった。おそらく願書は家臣たちにも示されて、士気を鼓舞したのであろう。兵士も正義の戦いをする以上、神々が守ってくれるから、必ず勝つはずだと思って戦場に向かっていたのである。

3　諏訪社の祭礼復興を名目にする信玄——戦の神様を味方に——

対する武田信玄はどのような名目で戦っていたのだろうか。すでに触れたことがあるが、諏訪上社の神長《じんちょう》を勤めた守矢家に伝わった文書に次がある。

急度《きっと》一筆を染め候意趣は、当社御頭役近年怠慢のみに候か。しからば一国平均の上、百年已前《いぜん》の如く、祭礼勤めさすべきの由存じ候処に、十五箇年已来兵戈止むを得ざるにより、士民百姓困窮す。殊には嶋津・高梨等今に命に応ぜず候間、諸事思慮の旨あって、これを黙止畢《おわ》んぬ。必ず嶋津・高梨当手に属さば、それがし素願の如くその役を勤べきの趣催促に及び、難渋の族《やから》に至っては、先忠を論ぜず成敗を加うべく候。抑《そもそ》も毎年三月御祭の事は、たやすき子細に候条、当時分国の内へ堅く下知成

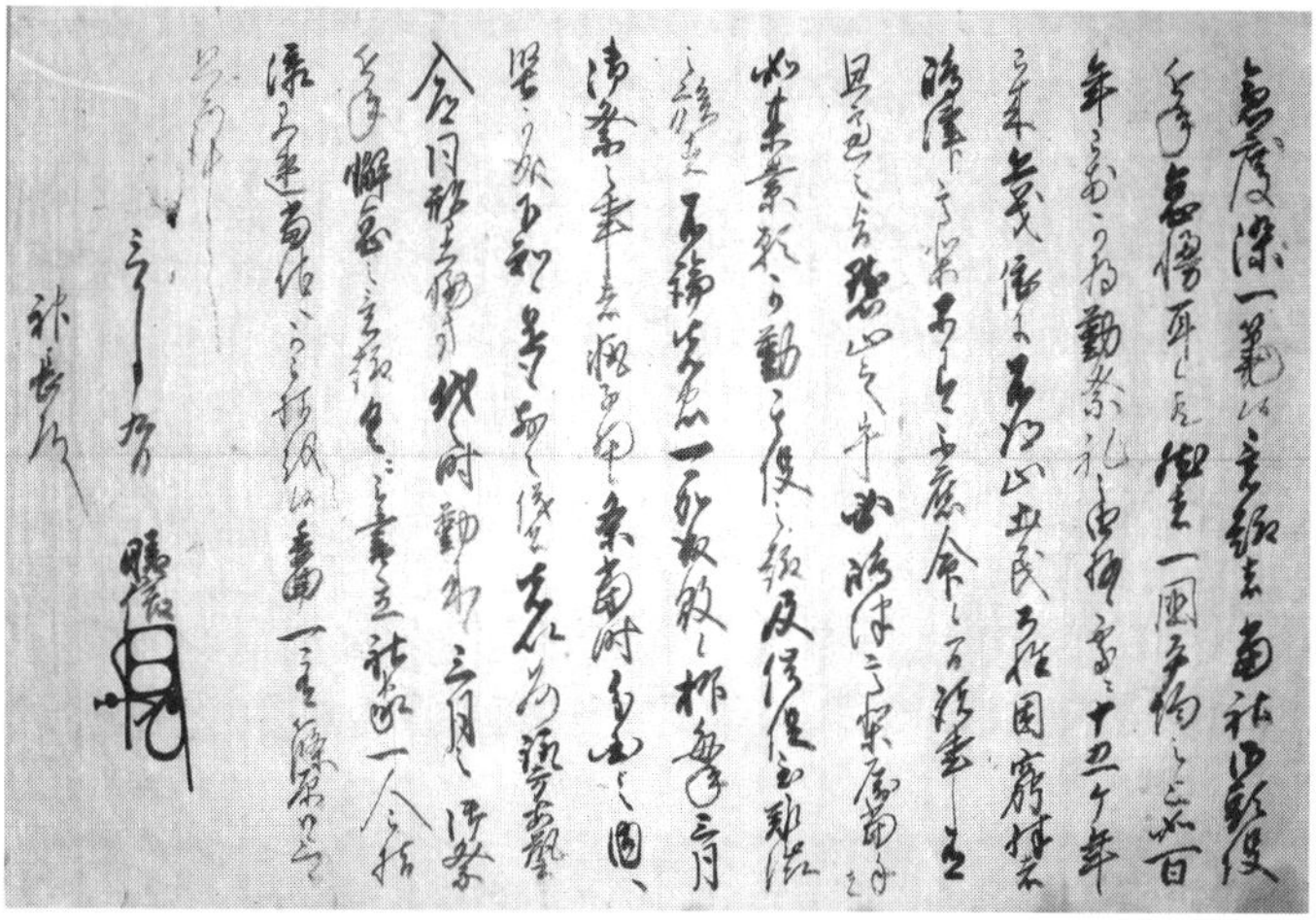

信玄が神長にあてた書状（茅野市神長官守矢資料館蔵）

すべく候。これも前々の義は、先ず以て如何。諏訪安芸入道・同刑部大輔方代の時勤め来たり候三月の御祭、近年懈怠《けたい》の意趣、具《つぶさ》に書き立てられ、社家の一人指し添えられ、早速当地へ指し越さるべく候。委曲《いきょく》篠原口上あるべく候。恐々謹言

三月九日　晴信（花押）

神長殿

信玄の主張は、「近年諏訪上社の御頭役がおろそかにされているようだから、信濃国全体を平らげた上で、百年前のように祭礼を勤めさせようと考えている。十五年前から戦争が止まないので、信濃に住んでいる民百姓は困窮している。こ

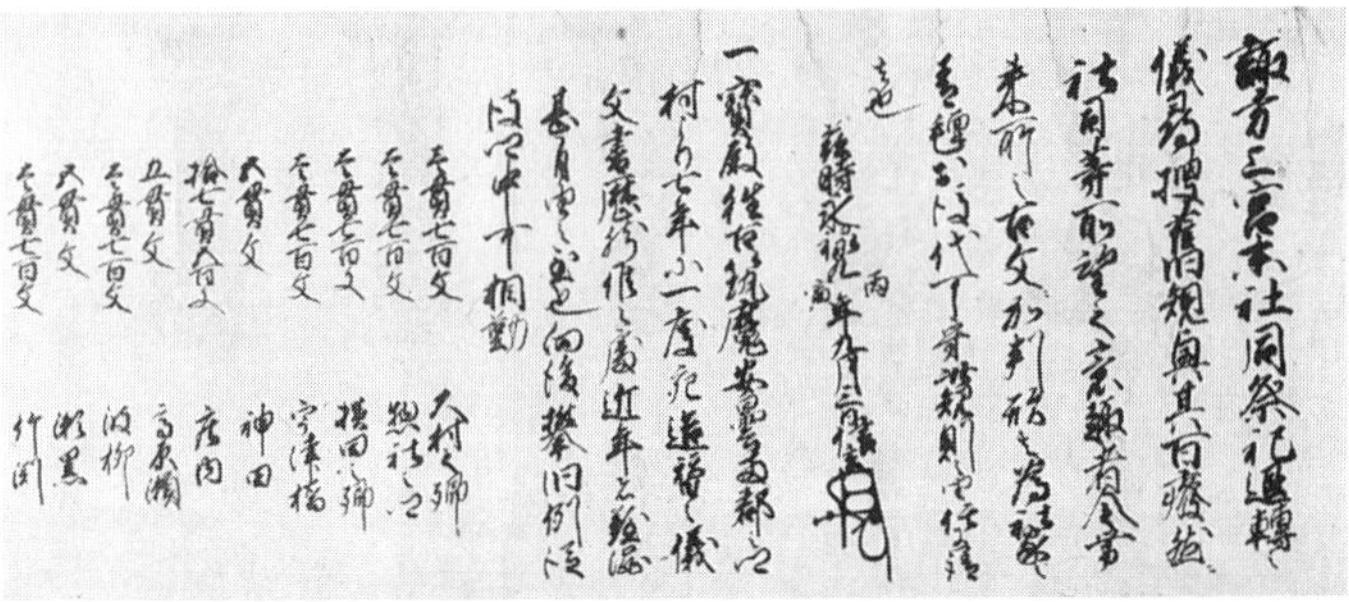

上下宮祭祀再興次第 十一巻（諏訪大社蔵・長野県立歴史館提供）

とに島津・高梨などは現在も命令に応じないが、島津や高梨が自分の手に属したならば、役を勤めるように催促をし、惜しみ渋っている者たちには処罰を加える」といった点にある。

つまり信玄は、信濃国の一宮である諏訪社の祭礼が近年おろそかにされているけれども、自分が信濃を平定すれば、国全体の御祭として復興させると主張している。

この論理によれば、北信の島津氏や高梨氏などが、本来ならば負わなければならない諏訪社の御頭役を勤めないので、彼らに義務を果たせるため自分が戦っているのだとなる。謙信とはまったく逆の主張である。信玄が遂行している戦争は、個人的意図による侵略でなく、信濃一宮である諏訪社の御祭を復興させるための正義の戦いなのだと訴える。諏訪社にとって祭礼の復興は願ってもない話なので、積極的に信玄を応援するはずである。そしてそれは神の意志ということになる。

諏訪大明神は戦の神様である。十四世紀の半ばころ成立した「諏方大明神画詞《すわえことば》」によれば、諏訪明神化現の最初は神功皇后元年で、皇后が夷狄《いてき》と戦う時に諏訪と住吉の二神が皇后を守護した。次に、坂上田村麻呂が東夷を攻撃する時に助けた。さらに元寇の際にも姿を現して、元軍を滅ぼしたという。このような諏訪社の主張は戦国時代までに広く社会に受け入れられており、諏訪大明神が味方してくれることは正義を証明し、戦において絶対に勝利できると考えられていた。

諏訪大明神が信玄の側についてくれれば、戦争で負けるわけがない。錦絵などを見ると信玄は白い毛のついた特徴ある兜をかぶっているが、この兜は諏訪法性《ほっしょう》の兜と呼ばれ、戦争の度ごとに諏訪社上社神長のもとから借りてきたとの伝承がある。また、山梨県甲州市の雲峰寺《うんぽうじ》に伝わる「南無諏方南宮法性上下大明神」と、赤地の絹に金粉で書かれた諏訪明神旗は、信玄直筆で本陣の標識に用いたという。これら諏訪大明神のグッズは、信玄自身に戦の神に守られているとの安心感を与えるとともに、他の者たちに彼と諏訪大明神の深い結びつきを示す手段になったのである。家臣たちも信玄のいでたちや諏訪明神旗を見て、明神の加護を信じて心おきなく戦うことができた。

4　信玄は占ってから戦争に行った――家臣を鼓舞するお告げ――

戦国大名たちは、戦争の前に何をしていたのだろうか。信玄の行動を示すのが、次の戸隠神社（長野市）に出した願状である。

戸隠山大権現神前に納め奉る願状

右意趣は、先の筮《ぜい》に曰く、来る戊午の歳、居を信州に移さんと欲す。則ち十二郡吾が存分に随うべきか否やの占卜《せんぼく》、姺《せん》の九三なり。その辞に昇虚邑疑うところなし〔注に曰く、往けば必ず得るなり〕。また越後と甲州と円融和同のこと、これを停止し、甲戈を動かすこと吉たるべきや否やの先卜、坤の卦なり。この文に曰く。君子往く攸《ところ》あり、先に迷いて後に得ん。主利安貞吉と云々《うんぬん》。これにより今居を信州に移さば、則ち当歳の内、一国卓錐《たくすい》の士を残さず、予が掌握に帰すべし。もし越士干戈を動かさば、先筮坤卦《こんけ》の吉文に任せ、敵忽《たちま》ち滅亡し、晴信勝利を得ること必せり。粤《ここ》に孔《こう》方《ほう》五十緡《さし》を当社修補のため、権現の宝前に供え奉るべきものなり。よって件の如し。

維時永禄元年戊午八月如意日

源晴信（花押）敬白

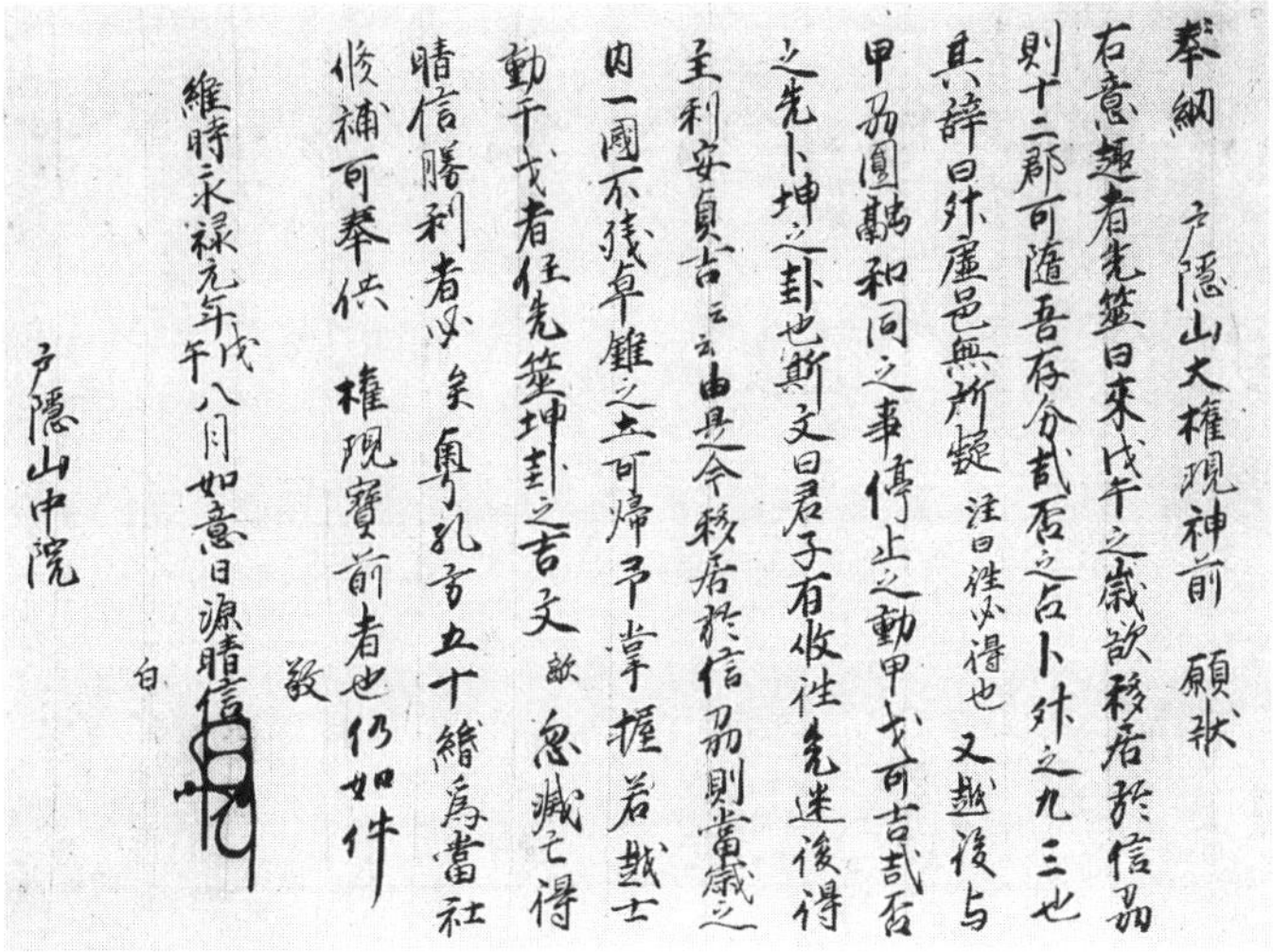
奉納　戸隠山大権現神前　願状
右意趣者先筮曰来戊午之歳欲移居於信州
則十二郡可随吾存分哉否之占卜外之九三也
其辞曰外屋邑無所疑　注曰往必得也　又越後与
甲州国融和同之事停止之動甲戈可吉哉否
之先卜坤之卦也斯文曰君子有攸往先迷後得
主利安貞吉云云　由是今移居於信州則当歳之
内一国不残草離之土可帰予掌握若越士
動干戈者任先筮坤卦之吉文　敵忽滅亡得
晴信勝利者必矣　奥乳苟五十緡為当社
修補可奉供　権現宝前者也仍如件
敬
維時永禄元年戊午八月如意日源晴信
白
戸隠山中院

戸隠神社にあてた信玄の願文（長野市戸隠神社蔵）

戸隠山中院

信玄は占いをして、戦争すれば勝つと出たので行動すると述べている。永禄二年（一五五九）五月に信玄は松原神社（南佐久郡小海町）に願文を捧げた。そこには、「この度占いをしたところ、結果が最吉と出たので、信州奥郡ならびに越後との境に軍を動かす。敵城がことごとく自落退散し、もし謙信が我が軍に向かってきたならば、越後勢は消え滅びるように松原三社の助けを仰ぎたい。もし勝てたならば具足などを進上する」などと書いてある。

永禄二年九月一日、信玄は小県郡下

郷諏訪社（生島足島神社、上田市）に戦勝を祈って願文を捧げた。その文章は次のようになっている。

敬い白す願書
帰命頂礼《きみょうちょうらい》下郷諏訪法性大明神に言いて曰く、徳栄軒《とくえいけん》信玄越軍出張を相待ち、防戦せしむべきか否やの吉凶、預《あらかじ》め四聖人に卜問《ぼくもん》す。その辞に曰《いわ》く、九二の孚喜《ふき》あるなり。〔薦約《せんやく》を経て神の享《う》くるところとなる、これを斯《これ》喜となすと云々。〕希《こいねが》わくは天鑑に随い越軍と戦い、すなわち信玄存分の如く勝利を得、しかのみならず長尾景虎忽《たちま》ちに追北消亡せんことを。併せて下郷両社の保祐《ほゆう》を仰ぐものなり。神明私なし。凱歌を奏し、家安泰に帰するの日に到って、己未の歳よりこれを始め、十箇年の間、毎歳青銭《あおせん》十緡修補のため社納し奉るべきものなり。よって願状件の如し。

信玄は越後軍が出張してくるのを待って防戦すべきかどうか占いで尋ねた。その結果吉と出たので、天の示したところに従って出陣することに決めた。神の意に従うので、自分が思う通りに勝利し、謙信の軍が逃亡するよう、諏訪大明神のお助けをお願いしたい。もし私が凱歌を奏することができたら、今年から十年間、毎年銅貨を一貫文ずつお社を修補するために納める、との内容である。先ほど見た松原神社にあてたものとほとんど同じである。

このように、信玄は戦争の前に占いをし、神仏の意志に従って戦争をするというスタイルを取った。これもまた、戦場において軍勢を奮い立たせる手段であった。

5　自筆書状が伝える信玄と川中島合戦――女性的な貴公子――

信玄は弘治三年（一五五七）二月十五日に葛山城（長野市）を落城させ、善光寺平の中心部を手に入れた。

謙信方の島津氏は長沼城（長野市）から大倉（同）に落ち、飯縄社（同）は信玄に降り、戸隠社（同）の三院の衆徒は越後に逃げた。信玄の善光寺平進出を知った謙信は、二月十六日、三月十八日と四月二十一日に色部勝長に書状を送って参陣を促した。謙信は三月二十三日、信玄が飯山城（飯山市）の高梨政頼を攻める態勢を取ったので、長尾政景に参陣を求めた。

こうした情勢の中で、信玄は四月十三日に長坂筑後守虎房・日向大和守（是吉、当時虎頭か）に次の書状を出した。

幸便《こうびん》を以て自筆を染め候意趣は、大日方所より木嶋を以て申し越される如くんば、鳥屋《とや》へ嶋津より番勢加わり、あまつさえ鬼無里に向かい夜揺《あゆが》すの由に候。実否懇切聞き届けられ帰参の上、言上致さるべく候。惣別帰国のついでに鬼無里筋路次等見届け尤もに候。毎事疎略なく見聞き有り披露待ち入り候。恐々謹言。

追って、小川・柏鉢・鬼無里・鳥屋筋の絵図いだされ候て持参あるべく候也。

卯月十三日　　晴信（花押）

長坂筑後守殿

日向大和守殿

自ら手紙を書いた意図は、大日方のところから木島を使いにして申してきたところによれば、敵方の鳥屋城（戸屋城、長野市七二会）へ島津から番勢が加わり、その上さらに鬼無里に向かって、夜動いたということである。これが本当かどうか丁寧に聞き届け、帰参の上で言上するように。おおよそ帰国のついでに鬼無里筋の道筋などを見届けるのがよい。事ごとにおろそかにすることなく、見たり聞いたりして報告してくれるこ

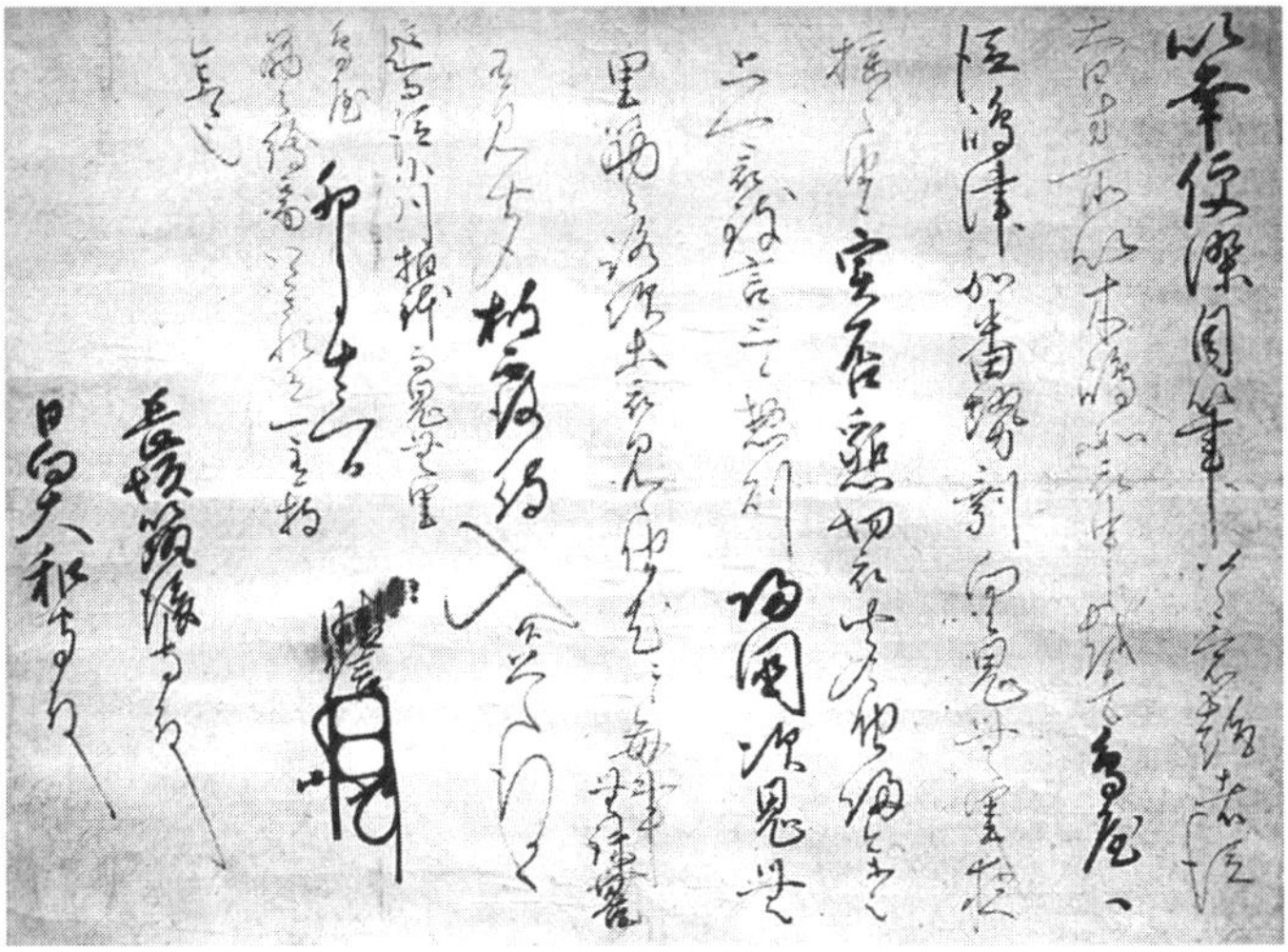

武田信玄自筆書状（長野市立博物館蔵）

とを待っている。
追って、小川・柏鉢・鬼無里・鳥屋筋の絵図を用意して持参するようにせよ。

注目すべきは最初の文言で、この書状は武田信玄本人が書いたものだという。武田信玄が出した文書は数多く残っているが、ほとんどは右筆《ゆうひつ》（書記役）が書いたもので、自筆はわずかしかない。有名なものとしては、埼玉県紫雲寺が所蔵する天文二十二年（一五五三）正月二十八日付の小山田備中守あて文書がある。この文書はそれと同じ筆跡で、東京大学史料編纂所の鴨川達夫氏の意見をもとにして自筆と判定した。

信玄といえば大僧正として教養があり、豪放な性格で文字もきっとそんなだろうと思っていたが、この文書を見ると全体として線が細く、文字の濃いところと薄いところの差が大きく、ややもすれば女性的な感じを受ける。また文字の間違いと思われる点もある。従来信玄の画像とされてきた高野山成慶院《せいけいいん》にある、丸顔ではげ上がった人物は能登の畠山氏だといわれるようになったが、そうすると信玄の画像としては高野山持明院《じみょういん》に伝わる若い時の、細面で凛とした感じのものが確実だといえる。この自筆書状はやや女性的な貴公子としての信玄の面影を伝えているように、私には思われる。

内容で興味深いのは絵図を用意しろと命じている点である。信玄が信濃に攻めて行くには地図が必要だった。また敵の動きに対応するためにも地図を用意しなければならなかったはずである。そうしたものは現在一つも残っていないが、この手紙から地元の人に絵図の形でこれを用意させていたことがわかるのである。

6　一騎打ちはあったか——確実な史料の裏付けはできない——

川中島合戦といえば誰もが思い起こすのは、馬上から上杉謙信が斬りつけ、床几に座った武田信玄が軍配でこれを受け止める、いわゆる一騎打ちの図だろう。

『甲陽軍鑑』には、九月十日の一騎打ちの場面が、「萌黄《もえぎ》の胴肩衣を着た武者が白手拭《てぬぐい》で頭を包み、月毛《つきげ》（葦毛でやや赤みを帯びて見えるもの）の馬に乗り、三尺（約九一センチ）ばかりの刀を抜き持って、信玄が床几に座っているところへ一文字に乗り寄せて、切っ先はずしに三刀切った。信玄は立ってこれを軍配団扇で受けた。後で見れば団扇に八つの刀傷があった。武田家の御中間衆頭、二十人衆頭の都合二十騎の者どもは、敵味方にわからないように信玄を取り包み、寄る者たちを切り払った。中でも原大隅という中間頭が青貝の柄の鑓を持ち、月毛の馬に乗った萌黄の緞子の胴肩衣の武者を突いたところ、突きはずし、具足のわたがみをかけうって、馬のさんづ（後ろ脚の上部の骨）を叩いたので、馬は棒立ちになって走り去った。後で聞けばその武者は輝虎であったと申したという」とある。

後で聞けば、信玄と戦った武士は謙信だったといっているだけで、一騎打ちを全面に出しているわけではない。

永禄四年（一五六一）十月五日の近衛前久から政虎（謙信）にあてた書状により、これ以前に彼が「自分は晴信と戦って大利を得、八千人余りを討ち取った、自身太刀討ちに及んだ」と連絡したことが知られるが、自分で太刀討ちに及んだとは言っても、信玄と一騎打ちしたとは述べていない。まして謙信が公家へ、自分がいかに勇敢に戦ったかを宣伝する手紙であるから、行動を大げさに書くのが普通で、これを一騎打ちの確実な史料とすることはできない。

正徳五年（一七一五）増補した『武田三代軍記』は、謙信が「ただ一騎、三尺六寸（約九九センチ）の太刀を抜きはずし、真っ先に馳せ出た。謙信の床几備えも我劣らじと真驀《まっしぐら》になって義信の備えに切って入ったので、御曹司（義信）の備えも崩れた。信玄の床几の備えは、謙信が真一文字に馳せ入ったので、前後の近習あるいは老人共は、今はこれまでと思い、大将の目前で涼しく討ち死にをしようと死に物狂いで働いた。謙信は信玄を求めかねてここかしこと尋ねたが、隠居の老人七、八騎が同じ色のいでたちだったので、見極め難かった。信玄を見るやいなや、馬上より三刀まで斬りつけた。この時、金丸平八郎（土屋昌次）・真田源五郎（昌幸）・原大隅守（虎胤）が信玄の床几を取り囲んで一足も退かずに働いたが、謙信を取り籠めて討ち取ろうとしたところ、原大隅守が信玄の持ち鑓を持って、謙信の総角と思うところをどっと突いたが、鑓の実をよけたので、返す鑓で甲のみねより馬の組違いにかけて拝打《おがみ》ちに打ったところ、馬は四足を払って駈け出た。時に謙信は馬から逆さまに落ちたのを郎従が走り来て、自分の馬に掻き乗せ、犀川の方に落ちて行った」としている。ここに至って、テレビや映画で流されるような一騎打ちになったのである。

武田側の軍記に対抗して、上杉側でも川中島合戦についてまとめた。慶長二十年（一六一五）に書き上げ、寛文九年（一六六九）に写したという『川中島五箇度合戦之次第』では、「天文二十三年（一五五四）八月十八日、信玄が三十騎ばかりで御幣川《おんべがわ》を引き退いたところ、謙信は川の中に乗り込み二太刀斬りつけたので、信玄も太刀を合わせて戦った。武田の侍どもが謙信を中に取り籠めたが、なかなか彼に近づけなかった。そのうちに信玄と謙信は押し隔てられた。謙信は人間の挙動でなくて、鬼神のようだった。その時には謙信と知らず、甲州方で越後侍荒川伊豆守だと取り沙汰したという。後に謙信と聞いて、討ち止めるべきだったのに残念だと皆で話した」などとある。『川中島五戦記』や宇佐美定祐《さだすけ》の『北越軍記』（寛永二十年〈一六四三〉自序）も似た記載をしている。

このように、確実な史料に一騎打ちは出ていない。実際問題として、大将が自ら太刀を持って戦うというのは敗戦の最後の状況である。いうなら日本とアメリカが戦争して、日本の首相とアメリカの大統領が直接戦うことである。もし実際にそういうことが行われるのなら、国民は戦争に行かなくてもよく、多くの人の血が流されなくて済むかもしれないが、現実には考えられない。戦国大名同士が一騎打ちすることなど、とうていあり得ないと、私は思う。

7　二つの川中島合戦図屏風——絵画に描かれた一騎打ち——

川中島合戦は江戸時代に多くの人が読んだ『甲陽軍鑑』などに記されており、時に信玄と謙信の一騎打ちが関心をひきやすいので、たくさんの絵画に描かれた。

特に知られているのは「岩国本川中島合戦図屏風」（山口県岩国歴史美術館所蔵）と呼ばれるもので、甲州流軍学の隆盛に伴って十七世紀の半ばころに描かれ、永禄四年（一五六一）の川中島合戦を描いている。右隻《うせき》（縦一五四・二センチ、横五四八・四センチ）には一面に布陣図が描かれている。整然とした武士たちの配置、動きのない静かな画面に、戦争を前にした緊張感が伝わってくる。

左隻（縦一五四・二センチ、横五四八・四センチ）には八幡原の激戦が描かれている。こちらは一転して武士たちが激しく戦う、動きにあふれた画面構成である。四・五扇上部には窮地に陥った信玄の弟信繁の姿、続く六・七扇には上杉軍によって千曲川に追い立てられる武田軍が描写されている。六扇の中央に、信玄と謙信の一騎打ちが描かれている。萌黄の胴肩衣、白手巾をかぶった謙信が、白馬にまたがり、信玄めがけて太刀を降ろす。信玄は諏訪法性の兜をつけ、床几から立って軍配でこれを受け止めている。

こうした武田軍の危機を救うのが、妻女山から引き返してきた別働隊である。合戦後半の状況は、一扇から三扇に描かれている。

これに対して「紀州本川中島合戦図屏風」は、『川中島五箇度合戦之次第』『北越軍記』にのっとって描かれている。

右隻（縦一〇八・五センチ、横二七二・六センチ）は天文二三年（一五五四）の戦いで、武田軍を御幣川に追いつめた上杉軍が画面の中央部に描かれている。屏風自体が岩国本より小さく、画面が狭いために、全体としてはややごちゃごちゃした印象を受ける。四扇から五扇にかけて、御幣川に殺到して攻め立てる上杉軍、五扇から六扇には敗走する武田軍が描かれている。五扇中央に一騎打ちが配されているが、両者とも馬に乗って、御幣川の中で戦っている。謙信は丸顔で剃髪、白鉢巻きをし、黒い馬に乗って、右手で太刀を振り下げようとしている。一方信玄の方は、茶色の馬に乗り、赤毛の諏訪法性兜をかぶり、緋の袈裟《けさ》をまとって、謙信の太刀を受けるために両手で太刀を支えている。

三扇中央には、謙信家臣の宇佐美定行が「無」の旗を掲げた一隊の中で、床几に座っている。その下では、信濃の村上義清が武田信繁に鑓を刺す瞬間が描かれる。一扇と二扇との下部には、海津城の混乱状況が描かれている。城は石垣の上に築かれ、瓦屋根とともに、いかにも江戸時代のイメージによっている。

左隻（縦一〇九・二センチ、横二七二・七センチ）は、弘治二年（一五五六）三月二十五日の合戦を描いている。『川中島五箇度合戦之次第』によれば、この時謙信は妻女山に陣取っていた。信玄は妻女山を別働隊で背後から襲撃させ、上杉軍が千曲川を越えて退くところを待ち伏せしようとしたのだが、謙信が裏をかいて信玄の本陣に迫ったというのである。『甲陽軍鑑』でいう、一騎打ちのあった永禄四年の戦いに当たる。

一扇の上部右端に見えるのは善光寺、その下には犀川が流れている。一番下に見えるのは海津城の門で、その上に千曲川が描かれている。二・三扇には上杉軍の奇襲を受けた武田本陣が描かれる。信玄は床几に座って采配を振るっており、火がかけられた陣屋が黒煙をあげて燃えている。対する謙信は三・四扇の中央に白馬にまたがって、青竹で突撃を命じているようである。

こうした屏風を見ながら、近世の人々は川中島合戦のイメージを固定化させ、また戦いを想像した。その結果、我々が抱くような川中島合戦像ができあがったのである。

8　屏風絵と浮世絵——浸透する一騎打ちのイメージ——

川中島合戦といえば、世間のイメージは『甲陽軍鑑』の一騎打ち、あるいはそこから派生した信玄と謙信が直接戦う場面であろう。長野県立歴史館所蔵の「川中島合戦図屏風」(六曲一隻、縦一七一・〇センチ、横三七五・〇センチ)には、武田の本陣に白い頭巾をかぶり、白い馬に乗った謙信が、諏訪法性の兜をかぶり、緋の衣をつけ、床几に座っている信玄をめがけて太刀を振るい、信玄は軍配でこれを受け止めている場面が描かれている。これは現在川中島の古戦場に建てられているブロンズ像の配置と同じである。

こうした場面を一般庶民にまで身近なものにしたのは錦絵だった。懐月堂安度《かいげつどうあんど》(作画期は宝永から正徳年間、一七一〇年前後を中心)が描いた「川中島合戦図」では、黒い馬に乗り、白い頭巾をかぶった謙信が両手で太刀を握り斬りつけ、諏訪法性の兜をかぶり、緋の袈裟をつけて立ち上がった信玄が軍配で太刀を受けている。構図的には岩国本川中島合戦図屏風とほとんど同じである。

喜多川歌麿(一七五三ころ～一八〇六)の「信玄、謙信組討《くみうち》図」は、両人の顔の部分に焦点をあてている。やや細面の謙信は白い頭巾をかぶり、両手で斬りつけている。対する信玄は諏訪法性の兜をつけて、片手の軍配でこれを受け止めている。両人の表情から緊張感が伝わってくる。

歌川国貞（三代豊国、一七八六〜一八六四）には、「謙信武田ノ旗本へ乱入ノ図」がある。黒馬に乗って、頭巾をつけた謙信が両手で太刀を振りかざし、武田の陣地に切り込んでいる。諏訪法性の兜をかぶり、袈裟をつけた信玄は床几に座っているが、謙信との間で影武者をはじめ多くの武士が応戦しており、一騎打ちではない。

歌川国芳（一七九七〜一八六一）は、永禄四年の一騎打ちを「河中嶋大合戦」で描いている。頭巾をつけて白馬に乗った謙信が鎧の上に赤い羽織をつけ、片手で信玄に斬りつけている。諏訪法性の兜をつけ、鎧の上に緋の衣をまとい、その上に袈裟をつけた信玄は、立ち上がって片手の軍配で、謙信の太刀を受け止めている。「武田上杉川中嶋大合戦図」もほとんど同じ構図だが、信玄は床几に腰掛けている。「川中嶋合戦」では信玄を中央に置き、謙信を左に、右に謙信に向けて鑓を突き出す蜂河野善右衛門が描かれている。信玄と謙信の構図は基本的に同じである。また「信州川中嶋大合戦之図」や「武田上杉川中嶋大合戦図」では、川の中における一騎打ちも描いている。この他、国芳は両人を素材にして、実に多くの錦絵を世に送り出した。彼の描いた多くの錦絵が、我々が川中島合戦に抱くイメージを育てたのではないだろうか。

橋本貞秀（一八〇四〜一八七八）には、「甲越川中嶋大合戦」「川中嶌大合戦之図」などが

「河中嶋大合戦」(歌川国芳画・山梨県立博物館蔵)

ある。こうして川中島の一騎打ちが一般人にとっても身近なものになっていった。

　これまで見てきた絵画はすべて想像の産物でしかない。ところがイメージが定着するに連れて、それは固定的な事実にすり替えられていった。川中島の古戦場にある一騎打ちの銅像は、その最終形態である。また、山梨県や長野県では、五月の節句の幟に川中島合戦での一騎打ちが描かれているものが多く見受けられる。その場合、上に馬に乗った謙信が片手で太刀を振り上げ、その下に軍配を持った信玄がそれを受ける形で、あるいはさらにその下に原大隅が鑓で謙信の馬をつくという構図になっている。

　さらに、これまで作られた武田信玄や

上杉謙信関係の映画やテレビでは、必ず両人の一騎打ちがハイライトとして撮られている。現代でも川中島合戦の一騎打ちは、様々な形で再生産され、我々のイメージを固定させているのである。

9 宣伝合戦 ――自ら勝利の情報を流す――

戦争においては情報戦が繰り広げられる。第二次世界大戦の大本営発表によれば、ほとんどの場合、日本軍は勝利していた。勝利報道により国民の戦意を高揚させ、外国の協力を得ようとしたのである。こうした宣伝合戦は戦国時代も行われていた。

永禄四年(一五六一)十月五日、上杉謙信にあてて五摂家の一つ近衛家の当主前久(前嗣)が出した書状の前半には、「今度信州表において、晴信に対し一戦を遂げ、大利を得られ、八千余討ち捕られ候こと、珍重の大慶に候。期せざる儀に候と雖も、自身太刀討ちに及ばるる段、比類無き次第、天下の名誉に候」とある。

九月十日に有名な川中島合戦が終わったばかりであった。そのため謙信はその直後に前久へ、「この度信州において武田信玄と一戦を行い、敵を八千余人討ち取り、大勝した。しかも、思ってもいなかったことだが、自分でも太刀を持って戦った」などと連絡し、それに対しての返書が先に見た文面だったのである。少なくとも、謙信が出した書状を読めば、上杉方の圧倒的な勝利に見えた。

一方、武田信玄が永禄四年十月晦日に山城清水寺成就院へあてた書状には、「恒例の如く使僧に預かり候。殊に本尊像・巻数・扇子・杉原《すいばら》等ならびに綾一端送り給わり候。祝着に候。よって今度、越後衆信州に至って出張候のところ、乗り向かい一戦を遂げ勝利を得、敵三千余人討ち捕り候。誠に衆怨悉く退散眼前に候か。よって当年伊奈(那)郡面木《おもてぎ》郷を寄附し奉る。御入部珍重に候。この外万疋の地、只今渡し進むべく候と雖も、今に市川・野尻両城に残党楯籠もる様に候。定めて雪消えゆれば、退散いたすべく候か。その砌《みぎり》名所を書き立て、わざわざ進め入るべく候」とある。

武田信繁の墓（長野市典厩寺提供）

信玄の方は、「越後衆が信州に出張してきたが、これと戦って勝利を得、敵三千余人を討ち取った。

間違いなく怨敵は退散するだろう。それゆえ伊那郡表木郷（伊那市）を寄付する。この他に万疋の地を渡したいと思う。市川（下水内郡栄村か）と野尻（上水内郡信濃町）の城に残党が立て籠もっているようだが、雪が消えれば退散するだろうから、その時に渡す場所の名前を書いて贈りたい」と述べている。実際に寄進もしているし、謙信の書状内容に比べると具体性がある。

一方、富士山の北側に住んだ僧侶が記録した『妙法寺記』には、「この年の十月（実際は九月）十日に、晴信（信玄）公が景虎（謙信）と合戦をなされ、景虎の人数はことごとく討ち死にした。甲州では晴信御舎弟の典厩（信繁）が討ち死にされた。その中で郡内の弥三郎殿（小山田信茂）は、本人が参陣せずに配下の者たちだけが出立したが、彼らは横槍を入れ敵陣を崩し、近国に名をあげた」などと記載されている。なお、『勝山記』は永禄二年までの記載しかない。筆者が住んだのは郡内《ぐんない》と呼ばれる小山田氏が領主で、甲斐の中では独立性が強い地域だった。ここにも川中島合戦の情報が伝えられていたのである。同時に郡内の者たちが大きな戦功をあげたと記しているので、こうした情報が流されていたのであろう。

永禄五年五月十六日に快川紹喜《かいせんじょうき》が武田信玄にあてた書状には、「去年河中島に百戦百勝以来、甲軍の威風天下に遍《あまね》く、武名日東に高し。（中略）越軍の残党、その名あれども無きが如く、憐れむべし、抑も典厩公の戦死、惜しみてもなお惜しむべし」とある。京都でもこの合戦は知られており、勝利は信玄にあったとうわさされていたようである。

いずれにしろ、双方が勝利を宣伝していたことは疑いない。当時の人々はそうした宣伝を自分なりに理解して、どちらに味方した方が有利か判断し、行動していたのである。

10　民衆の川中島合戦——利益をねらって戦う人々——

川中島合戦といえば武田信玄と上杉謙信が戦った合戦として知られる。その時民衆たちはどうしていたのだろうか。当然だが、そうしたことに関する史料はまったくといっていいほど残されていない。それでも民衆の動きを伝える後の時代の関連記載があるので、触れてみよう。

慶長二十年（一六一五）に清野助次郎・井上隼人正が書いたとされる『川中島五箇度合戦之次第』は、天文二十三年（一五五四）八月十八日の曙に、越後の陣所から草刈りたち二、三十人が未明から出て駆け回っていたところに、甲州の先手高坂の陣から、足軽が百人ばかり駈け出してきて、越後の草を刈る者たちを追い回したので、兼ねて企んでいたように越後方の村上義清・高梨政頼が、足軽大将の小室平九郎・安藤八郎兵衛とその配下の者二、三百人を夜のうちから道に伏せておいて、高坂の足軽を引き包み、漏らさず討ち取ったことから戦争になったと記している。

『長野県町村誌』所収の明治十三年（一八八〇）に原村（長野市川中島町原）が出した報告から、謙信は原村の千本松原に本陣を置き、草刈り役夫《やくぶ》を出し、彼らを偽の兵として引かせて武田軍を誘い出し、一日に十七度の戦闘に及んだとの伝承が、この地域に存在していたことが知られる。武田勢の高坂昌信が逃げ走り、真田幸隆・保科正俊が彼を援けて兵を退かせたので、世間で高坂弾正逃げ弾正、真田弾正鬼弾正、保科弾正槍弾正と称すようになったという。

上杉軍では馬のえさ用に朝になると草刈りをしていたのだろう。草を刈っていたのは上杉氏によって村などに割り当てられた人夫、つまり百姓たちだった。百姓たちの存在が戦争の背後にあったことは確実である。

『川中島五箇度合戦之次第』によれば、天文二十三年八月二十三日に上杉軍は、武田軍を御幣川に押し詰めた。信玄も川を越えて引き退こうとしたところを、謙信が川の中に乗り込んで二太刀斬りつけた。こうした中で、「中条越前は小荷駄を警固仕り候所へ、塩崎百姓数千起り、小荷駄を奪う故、中条之《これ》を切り払い、散々に戦い候」と記されている。

小荷駄を襲う百姓（「川中島合戦図屏風」・和歌山県立博物館蔵）

中条藤資が兵糧米などを運ぶ小荷駄隊を警護していると、塩崎（長野市篠ノ井）の百姓が数千蜂起して荷物を奪ったので、中条藤資が彼らを切り払い散々に戦ったというのである。

小荷駄を運んでいたのは足軽や陣夫《じんぷ》だった。正規の武士たちは戦争のため最前線にいたから、食糧や弾薬などは足軽や百姓から徴発された者たちが運んでいたのである。このため、中条藤資のような者が警護しなければならなかった。正規の武士集団と違ってしっかりした武装をしておらず、警固もそれほどでなく、何よりも食糧など百姓にとっては喉から手が出るほど欲しい物資を運んでいたので、百姓たちが運搬者を襲ったのである。

百姓といっても襲う側も武装しており、ほとんど足軽と変わらない状態だった。彼らは黙って武士に従っていたのではなく、機会があったら利益を得ようとねらっていた。百姓を武士に頭が上がらず、おとなしくしていたなどと考えたら大間違いで、自ら戦う側面もあった。しかも数千が蜂起したわけだから、自然発生的な略奪ではなく、村として共同してこれをねらったものであろう。したがって誰かが百姓たちを組織し、指揮していた可能性もある。

紀州本川中島合戦図屏風の二・三扇の上部には、小荷駄隊に塩崎村の百姓たちが襲いかかる場面が描かれている。この場面は江戸時代の武士にとって衝撃的な場面として、記憶されたことであろう。

11 信玄は棒道を造ったか――唯一の史料も疑問が多い――

武田信玄が行ったと伝えられる有名な事業の一つに棒道《ぼうみち》がある。一般的には武田信玄が信濃侵略のために建設した軍用道路で、甲斐と目的地とを最短距離で結ぶために棒のようなまっすぐな道になったとされる。多くの人は川中島合戦に備えたものだと理解している。本当に信玄はそうした道を造ったのだろうか。

棒道を信玄が造ったとされる史料は、次の文面の一点だけである。

（竜朱印）

甲府より諏方（訪）郡への路次《ろじ》の事、勧進《かんじん》致しこれを作るべし、同じく何方の山といえども、木を剪り橋を懸けるべきものなり、よって件の如し。

天文二十一年

十月六日

［　　］（すれていて読めない）

この文書が本当に棒道建設を命じたものなのか、私には疑問である。甲府と諏訪郡とを結ぶ道を造れという内容であるが、通説の通りなら目的地は川中島のはずである。甲府に対し当時諏訪の中心だった上原（茅野市）といった具体的な目的地ならわかるが、なぜ広い郡なのだろうか。甲府から諏訪郡への道はすでにあったから、新たに設けなくてもいいはずである。この通りなら棒道は甲斐の中だけで、諏訪郡に達すればそれで終わりになる。しかしながら、現在の棒道は信濃の中の大門峠(茅野市と小県郡長和町の境にある峠)までを指すことが多い。

勧進とは人々に仏道を勧めて善に向かわせることで、宗教的な寄付行為である。軍用道路で川中島合戦のためなら、武田氏が自らの力で普請役をかけ、領国民を動員し、いつまでに造れと命ずるはずである。完成期日も定めず、お坊さんによる寄付行為だけで、棒道が造れるはずがない。

同じく何方の山の木を剪ってもよいというのはどういうことだろうか。また、武田氏は誰か領主がいるかもしれない場所でも、どんどん道を造れたのだろうか。他人の所有権を越えるほどの権力を信玄が持っていたとは考え難い。

この文書以外にも疑問はある。関連する史料が他にはまったくないのである。当時の甲斐には『勝山記』や『高白斎記』といった記録がある。そうした記録にも棒道に関係する記載は見られない。また目的地となる諏訪には守矢文書など多数の史料が残っていながら、こちらにも関連文書がない。新たな、長い距離をつなぐ道を造るのなら、大工事で、多くの人が動員されたであろうから、何らかの記録が残っていてもよいはずである。それが見事に伝わっていない。

一般には棒道は上・中・下の三道が知られているが、軍用道路が三本も必要なのだろ

棒道(著者撮影)

うか。知られているのはざっと見ても四十キロに及ぶが、戦争に行くための高速道路というべき道を、それも緊急性の高い道を、多大な資金と人力をかけて三本も作る必要はないと思う。
　まっすぐな道は攻めるのには便利だが、攻め込まれたらどうするのだろう。信玄は様々な形で防御に気をつかっているのに、道について留意をしないのは納得いかない。
　このような疑問点からすると、有名な信玄の棒道というのも、しっかりとした根拠を持つ学説とはいえない。近世に棒道と呼ばれる道が存在したことは間違いないが、それを信玄が造ったと証明はできないのである。誰か一人が棒道とはこういうものだと言い始め、さらに細かく他の人が説明して通説ができた。あれだけ有名な川中島合戦なのだから、信玄ならそのくらいのことをしただろうと理解しがちであるが、もう一度本当にそうだったのか考えていきたいものである。皆さんが知っている戦国時代の通説には、案外事実と異なる、伝説ともいえることが多いのである。

12 飯山市に伝わる川中島合戦の伝説 ――地域の特性が浮かび上がる――

川中島合戦については新潟、長野、山梨の各県に関係する伝説が数多く残っている。信濃の北の端、最後まで謙信が拠点にした飯山城がある飯山市は、川中島から遠く離れているが、ここにも永禄四年(一五六一)の川中島合戦に関係した伝説がいくつか残っている。

①隠れ石(瑞穂地区小菅《こすげ》)

小菅神社の奥社へ向かう参道の途中に、謙信が隠れていたという苔むした巨石がある。周囲が九メートルほど、高さは二メートル弱ほどである。

永禄四年の川中島合戦の折、逃げる謙信を追って信玄勢が攻めてきた。軍勢は小菅一帯に火を放ったので、隆盛を誇っていた堂坊もことごとく焼け落ちた。謙信が見つからなかったため、武田勢は奥の院まで追っ手を差し向けたが、山鳴りとともに突然大岩が崩れてきて、逃げようとする兵を追いかけるように、大木が倒れた。武田勢は小菅権現の神威に恐れをなし、ほうほうの体で逃げ帰った。

小菅神社奥社の参道の隠れ石（飯山市提供）

② 綱切橋《つなきりばし》

永禄四年の川中島合戦の後、謙信は和田喜兵衛とともに春日山城に帰ろうと、間山《まやま》（中野市）から更級（同）へさしかかった。すると一人の老人が現れて、案内してくれた。木島まで来ると、「私はここでお別れしますが、川を渡って越後へ行ってください。これから先は小菅権現が守ってくれます」といって姿を消した。そこで謙信は安田の渡を船で飯山に行った。そして、後で船頭が敵に知らせるといけないと考え、水面に渡してあった大綱を切った。

この場合、渡し船を操るために両岸を結んで綱があったことになる。また、渡ったのは船をつないだ船橋で、謙信が切ったのはその綱だとも考えられる。いずれにしろ、この場所に架けられた橋は今も綱切橋の名で親しまれている。

千曲川にかかる現在の綱切橋（飯山市提供）

③綱を切った鐺（瑞穂地区小菅神社）

小菅神社宝物庫に収蔵されている全長九十六センチ、穂四十七センチの鐺である。この鐺は、上杉謙信が渡し船の綱を切る時に使ったもので、謙信を対岸に運んだ渡し守の十兵衛が献納したと伝承されている。

④鬼小島弥太郎の墓（飯山地区市ノ口）

永禄四年の川中島の合戦で、武田軍の山県三郎兵衛昌景に「小島は華も実もある武士だ。鬼とは誰が名づけたのだろう」といわしめたという鬼小島弥太郎は、勇将として名高い人である。彼に関わる伝承は多く、暴れ猿退治や武田信玄の所へ使者として赴いた際、信玄が戯れに猛犬を弥太郎の脛に噛み付かせたのに、弥太郎は少しも臆せず口上を述べ、最後に猛犬の口を握りつぶして悠々と立ち去った、などといわれている。しかし、史料の中に鬼小島弥太郎の名前は登場しない。

伝説によると、弥太郎は川中島合戦で不利になったため、謙信とともに春日山城に戻ろうと安田の渡を渡った。柳原から富倉《とみくら》峠に向かったが、戦いで傷ついていたため、このままではとても春日山城まで行けない、足手まといになるだけだと考え、自害したという。彼が死んだ丘は鬼小島が死んだ丘ということで、「鬼が峰」(小佐原)と呼ばれている。遺体は英岩寺《えいがんじ》に埋葬されたといわれ、鬼小島弥太郎の墓が残っている。

皆さんのお住まいの場所にはどんな川中島合戦に関わる伝説があるだろうか。あるいは上杉謙信、真田幸村、武田信玄など、戦国時代に関わる伝説が伝わっているだろうか。戦国時代の伝説は各地に多数残っている。それは戦国時代が後の時代に大きな影響を与えた証でもある。地域の特性が伝説の中から浮かび上がってくるかも知れない。伝説などを通してみなさんひとりひとりも、もう一度、甲信越の戦国時代を生き抜いた信玄、謙信、幸隆の三人を考えていただきたいものである。

あとがき

私は山梨県で生まれた。山梨県人にとって武田信玄は英雄であり、武田信玄関係の遺物や伝説が数多くある。年配の方は今でも親しみをこめて「信玄公」と呼ぶ。私にとっても武田信玄は身近な歴史上の人物だった。しかし、武田信玄という特別な個人だけが偉いとする周囲の歴史意識には反発を感じ、いわゆる山梨県人の信玄礼賛とは異なるものをと心がけながら、研究を進めてきた。

そんな私にとってショックだったのは、群馬県生まれの女性中世史研究者から、「笹本さんは武田信玄を研究しているっていうけど、あんな人でなしを研究して何の意味があるの」といった趣旨の問いかけを受けた時だった。私にとってはまったく思いもよらぬ武田信玄像が群馬県には存在したのである。

すでに六年以上も前になると思うが、長野県飯山市の雪国大学で武田信玄の講演を求められた。その際、私に話をして持ちかけた方は、「飯山は上杉謙信の世界で、一番嫌われているのが武田信玄だ、ショックを与えるような話をして欲しい」といわれた。その後飯山市小菅に行ったが、そこではこの本の中に書いたように、永禄四年の川中島合戦の余波で武田軍が小菅に火をかけたと言い伝えが残り、修験の里である小菅が退転した理由は武田軍の行いだったと、山梨県生まれの私に非難の言葉があった。

長野市松代で講演した時、「武田信玄と上杉謙信ではどちらが好きですか」と尋ねた。松代は信玄が海津城を築いた場所で、それが松代城になり、後には武田氏と縁の深い真田氏が城主になったのだから、まあどう少なく見積もっても半数は信玄が好きと手をあげてくれると思ったのだが、信玄が好きだというのは四分一ぐらいで、圧倒的多くが上杉謙信好きだった。

山梨県の講演で、信玄が好きな人と聞いてみたところ、九十九パーセントの人が手をあげた。

この現象は豊臣秀吉の日本と韓国による評価の差によく似ている。私たちはややもすると自分たちの世界認識が当たり前で、違う視点が現実に存在するのだということを忘れがちである。私たちにとって当たり前のことが、他国や他地域の人にとって非常識だということは多い。山梨県の信玄評価は他地域の常識ではなかったのである。

武田信玄が甲州の人にとって立派な人に思われるのは、甲州人に命と財産の保証をしてくれたからだった。父信虎の時代には甲斐の統一戦で、国内に戦争が絶えなかった。息子勝頼の時代に甲斐は織田軍の侵攻を受けた。信玄の時代は外で戦争をしていたため、甲斐が戦場になることはなかったのである。戦争に巻き込まれて命を失うことがないだけでも、当時の人たちにとってはよい時代だったといえるだろう。

その上、信玄の時代には戦争で勝ち続けたから、武士には所領が増え、百姓たちも略奪などで富が増えた。よそから奪うのだから、勝ち続けた信玄時代は甲州人にとって夢のような時代、バブルの時代だったのである。しかしそのバブルは侵略された地域に住む人たちの痛みの上に成り立っていたのである。

侵略によってのバブルはいつか終わらざるを得ない。甲州の場合は天正十年(一五八二)の武田家滅亡だった。越後の上杉家も、領地を広げ続けていた時はまったく甲斐の武田家と同じであった。信濃の真田家も同様である。多くの人たちが地域の英雄とする人たちであっても、彼らによって侵略された地域もあることを忘れてはならない。私たちは常に多角的に物事を見ていく複眼的視点を持たなくてはいけないのである。

狭い日本だから、領土の取り合い、天下統一は間もなく果たされ、秀吉がその任を負った。秀吉が最後までバブルに酔っていた統治者だといえるだろう。秀吉は国内で領土拡張が不可能になった時、朝鮮・中国に目を向けた。その失敗の中で、彼は改めて平和を合い言葉に自己の存在を位置づけたのである。刀狩りもそのような流れの中に位置づけることが可能である。日本では日常に武装して生活をしている人はいない。現代のアメリカのように武装していなければいけない社会から四百年以上も前に決別したのである。

私たちは平和を当たり前のものと考え、戦国時代の人々が毎日遭遇したような命のやりとりを想起しない。しかしここに来るまでどれだけ多くの戦争があっただろうか。第二次世界大戦の犠牲者がいかにたくさんであったか思い起こさねばならない。信玄、謙信、昌幸が生きた時代から見たら、私たちはどれほどよい時代に生きているかわからない。平和の有り難さを再認識すべきである。

自衛隊がイラクに派遣された二〇〇四年は日本の歴史にとって大変な曲がり角になる可能性がある。戦後の長い間をかけて培ってきた平和な日本の評価は、この年から覆るかもしれない。「自分の身を自分で守れ」と行政側がいうようになったのは、戦国時代の自力救済の社会への回帰であろうか。小泉首相はこれをいうこと自体が政治を預かる者として恥ずかしいとは思わないのだろうか。財政再建もかけ声だけで、いっこうに進展しない。議員の学歴詐称が大きな問題になったが、国債を三〇兆円以上にしないと公約しながら、平然とそれを破る政治家の方がはるかに重い罪ではないだろうか。小泉首相が唱えた米百俵の精神は、苦しい時にこそ教育が大事だというのが本来のはずだが、国立大学は二〇〇四年に独立行政法人化された。これも大きな転換の一つといえるだろう。

過去に生きたすべての人々が真剣にその時代を乗り切ろうとしたと私は考える。本書で扱ったすべての人たちが、歴史の担い手であった。しかし、武田信玄のことは評価されても、武田信虎や勝頼の評価は低く、上杉謙信に比較するとはるかに上杉景勝の評価の方が低い、これはある意味では当たり前であるが、本当にそうなのだろうかといつも気になる。

私は現在が戦国時代や明治維新よりも大きな歴史変動の時期だと考える。こういう時期だからこそ、多面的に過去の歴史を見て、もう一度私たちの生き方についても考察をめぐらしたいものである。

なお、本書は二〇〇二年四月三日から二〇〇三年八月六日まで『産経新聞』に連載した原稿に、手を加えたものである。

再版にあたって

本書は二〇〇五年三月に一草舎から刊行した『戦国大名と信濃の合戦』が元になっている。しかし単なる再版ではなく、挿絵写真がすべて一新され、文章も異なっている。

一草舎の発売元となった宮帯出版社から再版の話を受けたときには、何もしなくて、間違いの点だけ直せばいいと思っていたが、ゲラを見て驚いた。前著は「あとがき」に記したように、新聞連載を前提にし、読者に理解してもらおうと「です」「ます」調で書いた。それが送られてきたゲラは「である」調で、大きく雰囲気が変わっていた。編集者の苦労が伝わってきた。

本来「です」「ます」調で書くのと「である」調で書くのとでは、書き手の意識が異なる。また、私もここまでの間に触れるべき点が増えた。本書では幸い新聞と違って字数制限もない。私自身の文章も少しずつ異なってきており、直したい部分も多くなった。これ幸いとゲラに朱を入れ始めたが、なかなか大変な作業であった。編集者の文章は私の文章とは異なるので、改めて自分らしい文章にすると同時に、読者の理解を深めるために加筆もしたからである。

前著の表紙は娘が描いたイラストであり、中にも多くの娘の挿し絵を入れたが、今回はそれを除いた。表紙からして全く別物である。おそらく以前のものを手に取った方が本書を見たら、書いている内容、趣旨は同じであるものの、ずいぶん異なった印象を受

ける に違いない。

それにしても、私としてはこのような形で、前著を訂正しながら、自著を世の中に出していただけることは大変嬉しい限りである。

本書で述べたように川中島合戦では、謙信も信玄も自分の正当性を強く主張し、それを理由にして人々を率いた。私たちはどちらかに荷担するのではなく、その双方の主張を理解し、客観的に判断していく必要がある。それは私たちが日常生活を自分の判断で、きちんと乗り切ることとつながる。多面的なものの考え方を持つに際して、本書のような視点がお役に立てば幸いである。

もう少し巨視的に述べたい。現在は地球温暖化が進んでおり、ある意味で戦国時代と同じ気候異常の時代である。そのような中で地球全体の人口は増えており、様々な資源の争奪が起きている。日本では食糧自給率が四割を切っており、海外からの食料輸入が途絶えれば、圧倒的多くの人が飢餓に陥る。戦国の争乱は気候異常の食料争奪が底辺に横たわるが、世界的規模で同じような戦乱状況がいつ起きてもおかしくないのである。そのような時期だからこそ、私たちは改めて戦国時代を見つめねばならない。

私は人と人が争う戦国時代が嫌いである。二度と戦いの時代を迎えるべきではない。そのために私たち個人個人がいかに生きるべきか、じっくり考えてみたいものである。

二〇一一年一月吉日

参考文献

有名な人物たち、および川中島合戦であるから、それこそ無数に参考文献がある。ここにあげたのはすべてではないが、調べるのに役立つ。

武田氏

内藤慶助『武田信玄事蹟考』（一九〇四年、聚海書林より一九八二年復刻）
渡辺世祐『武田信玄の経綸と修養』（更級郡教育会、一九二九年）
広瀬広一『武田信玄伝』（守硯社、一九四三年、歴史図書社より一九六八年復刻）
奥野高広『武田信玄』（吉川弘文館、一九五九年）
小林計一郎『武田軍記』（人物往来社、一九六五年）
なかざわ・しんきち『甲斐武田氏—その社会経済史的考察—』上・中・下（甲斐史学会、一九六五〜六六年）
上野晴朗『甲斐武田氏』（新人物往来社、一九七二年）
磯貝正義『定本武田信玄』（新人物往来社、一九七七年）
上野晴朗『定本武田勝頼』（新人物往来社、一九七八年）
柴辻俊六『戦国大名領の研究—甲斐武田氏領の展開—』（名著出版、一九八一年）
柴辻俊六編『武田氏の研究』（吉川弘文館、一九八四年）
柴辻俊六『武田信玄—その生涯と領国経営—』（文献出版、一九八七年）
小和田哲男『武田信玄　知られざる実像』（講談社、一九八七年）

萩原三雄編『戦国武将武田信玄』（新人物往来社、一九八八年）
笹本正治『武田氏三代と信濃―信仰と統治の狭間で―』（郷土出版社、一九八八年）
笹本正治『戦国大名と職人』（吉川弘文館、一九八八年）
笹本正治『戦国大名武田氏の信濃支配』（名著出版、一九九〇年）
柴辻俊六『戦国大名武田氏領の支配構造』（名著出版、一九九一年）
佐藤八郎先生頌寿記念論文集刊行会編『戦国大名武田氏』（岩田書院、一九九一年）
笹本正治『中世的世界から近世的世界へ―場・音・人をめぐって―』（岩田書院、一九九三年）
笹本正治『戦国大名武田氏の研究』（思文閣出版、一九九三年）
笹本正治『武田氏と御岳の鐘』（山梨日日新聞社出版局、一九九六年）
笹本正治編『長野県の武田信玄伝説』（岩田書院、一九九六年）
笹本正治編『山梨県の武田氏伝説』（山梨日日新聞社、一九九六年）
笹本正治『武田信玄―伝説的英雄像からの脱却―』（中公新書、一九九七年）
笹本正治『川中島合戦は二つあった―父が子に語る信濃の歴史―』（信濃毎日新聞社、一九九八年）
笹本正治『戦国大名の日常生活―信虎・信玄・勝頼―』（講談社選書メチエ、二〇〇〇年）
柴辻俊六編『武田信玄大事典』（新人物往来社、二〇〇〇年）
柴辻俊六『戦国期武田氏領の展開』（岩田書院、二〇〇一年）
網野善彦監修『新府城と武田勝頼』（新人物往来社、二〇〇一年）
笹本正治・萩原三雄編『定本・武田信玄―二一世紀の戦国大名論―』（高志書院、二〇〇二年）
秋山　敬『武田信玄を歩く』（吉川弘文館、二〇〇三年）
秋山　敬『甲斐武田氏と国人―戦国大名成立過程の研究―』（高志書院、二〇〇三年）

笹本正治『武田信玄―芳声天下に伝わり仁道寰中に鳴る―』（ミネルヴァ書房、二〇〇五年）
鴨川達夫『武田信玄と勝頼―文書にみる戦国大名の実像―』（岩波新書、二〇〇七年）
笹本正治『武田勝頼―日本にかくれなき弓取―』（ミネルヴァ書房、二〇一一年）

上杉氏

布施秀治『謙信公と林泉寺』（謙信文庫、一九一五年）
布施秀治『上杉謙信伝』（謙信文庫、一九一七年、歴史図書社より一九六八年復刻）
高村綱男『上杉謙信公』（米沢市学事会、一九二八年）
井上一次『上杉謙信』（農民社、一九三六年）
栗岩英治『飛将謙信』（信濃毎日新聞社出版部、一九四三年）
河原信三『謙信とその一党』（古今書院、一九六一年）
井上鋭夫『謙信と信玄』（至文堂、一九六四年）
井上鋭夫『上杉謙信』（人物往来社、一九六六年）
歴史図書社編集部編『古戦場　上杉軍記』（歴史図書社、一九六九年）
池田嘉一『史伝上杉謙信』全（中村書店、一九七一年）
阿部洋輔編『上杉氏の研究』（吉川弘文館、一九八四年）
花ヶ前盛明『上杉謙信と春日山城』（新人物往来社、一九八四年）
渡辺慶一編『上杉謙信のすべて』（新人物往来社、一九八七年）
花ヶ前盛明『上杉謙信』（新人物往来社、一九九一年）
花ヶ前盛明編『上杉謙信大事典』（新人物往来社、一九九七年）

池　享・矢田俊文編『定本上杉謙信』（高志書院、二〇〇〇年）
池　享・矢田俊文編『上杉氏年表　為景・謙信・景勝』（高志書院、二〇〇三年）
矢田俊文『上杉謙信―政虎一世中忘失すべからず候―』（ミネルヴァ書房、二〇〇五年）

真田氏

竹　香生『真田幸村』（隆文館、一九〇九年）
臼田亜浪『正伝真田三代記』（石楠書店、一九一三年）
藤沢直枝『真田幸村』（信濃郷土文化普及会、一九二九年）
小林鶯里『名将真田幸村』（太洋社出版部、一九三八年）
小林計一郎『真田一族』（新人物往来社、一九七二年）
小林計一郎『真田幸村』（新人物往来社、一九七九年）
田中誠二郎『真田一族と家臣団―その系譜をさぐる―』（信濃路、一九七九年）
土橋治重『真田三代記』（教育社、一九八二年）
柴辻俊六『真田昌幸』（吉川弘文館、一九九六年）
笹本正治『真田氏三代―真田は日本一の兵―』（ミネルヴァ書房、二〇〇九年）

川中島合戦

西村宇吉『上杉武田川中島軍記』（私家版、一八八八年）
吉池忠治『甲越川中島戦史』（私家版、一九一一年）
埴科教育会編『川中島の戦』（汲古館、一九一三年）

参考文献

長野市教育会編『川中島戦史』（長野市教育会、一九二八年）
北村建信『甲越川中島戦史』（報国学会、一九三二年）
井口木犀『川中島合戦』（豊川堂、一九二三年）
小林計一郎『川中島の戦』（春秋社、一九六三年）
一ノ瀬義法『激戦川中島』（信教印刷株式会社、一九六九年）
千曲学人『川中島合戦武田上杉実戦記』（千曲学人著作刊行会、一九六九年）
小林計一郎『川中島の戦―甲信越戦国史―』（銀河書房、一九八〇年）
小林計一郎『武田・上杉軍記』（新人物往来社、一九八三年）
笹本正治『川中島合戦は二つあった―父が子に語る信濃の歴史―』（信濃毎日新聞社、一九九八年）
笹本正治監修『川中島合戦再考』（新人物往来社、二〇〇〇年）
笹本正治監修『地方別・日本の名族一五　中部編』（新人物往来社、一九八九年）
三池純正『真説・川中島合戦』（洋泉社、二〇〇三年）

〔著者紹介〕

笹本正治（ささもとしょうじ）

信州大学副学長。人文学部教授。博士(歴史学)。1951年山梨県中巨摩郡敷島町(現甲斐市)生まれ。名古屋大学大学院文学研究科博士課程前期修了。前長野県文化財保護審議会会長。山梨県文化財保護審議会委員。

著書に『武田氏三代と信濃—信仰と統治の狭間で—』(郷土出版社)、『戦国大名と職人』(吉川弘文館)、『戦国大名武田氏の信濃支配』(名著出版)、『戦国大名武田氏の研究』(思文閣出版)、『武田信玄—伝説的英雄像からの脱却—』(中公新書)、『川中島合戦は二つあった—父が子に語る信濃の歴史—』(信濃毎日新聞社)、『戦国大名の日常生活—信虎・信玄・勝頼—』(講談社選書メチエ)、『武田信玄—芳声天下に伝わり仁道寰中に鳴る—』(ミネルヴァ書房)、『実録 戦国時代の民衆達』(一草舎)、『武田信玄と松本平』(一草舎)、『真田氏三代—真田は日本一の兵—』(ミネルヴァ書房)、『武田勝頼—日本にかくれなき弓取—』(ミネルヴァ書房)などがある。

武田・上杉・真田氏の合戦

2011年4月12日 第1刷発行

著　者　笹本正治
発行者　宮下玄覇
発行所　株式会社宮帯出版社
京都本社 〒602-8488
京都市上京区真倉町739-1
電 話 (075)441-7747(代)
東京支社 〒104-0031
東京都中央区京橋1-8-4
電 話 (03)5250-0588(代)
http://www.miyaobi.com
振替口座 00960-7-279886
印刷所　シナノ書籍印刷株式会社

ISBN978-4-86366-084-7 C3021